銀河連合が教える

# 五次元世界への覚醒

後藤 まさし
*Goto Masashi*

たま出版

# はじめに

有史以来、三次元世界であった地球が、今世紀中に次元を上昇させ、五次元世界に変わっていく、進化していくというお話を、みなさんはご存知でしょうか。

この次元上昇を「アセンション」と呼んでいます。

21世紀中に、この地球がアセンションするのです。

この情報は、人類にとっても重大で、誰もが知らなければならないものです。聖書に書かれている「ノアの大洪水」以上のことが起きてくるのです。

地球が五次元世界になるということは、この三次元地球が終わっていくということを意味しています。


では、どのように終わっていくのでしょうか。

緩慢に、ゆっくり姿形を変えていくのでしょうか。地上に生かされている私達は、普通に日常生活を行っておればいいのでしょうか。

しかし、銀河連合から伝えられる情報によれば、そんなにのんびりした話ではなさそうです。予告されたある日を境に、この地球全体がリセットされるような事態が起きてくるのです。南極、北極が入れ替わるような「ポールシフト」が起きるのかもしれません。地球の過去にもそれに近いことが起きていたようですが、現実にポールシフトが起きた時には、火山の噴火や大地震、大津波、大陸の隆起陥没など、ありとあらゆる天変地異が起きてくると考えられます。地表のどこにも、安全地帯はなくなります。

その時、地上に人類が留まっているとすれば、誰一人として生き残ることはできないでしょう。人類滅亡になります。

また、別の情報もあります。それは「銀河のさざ波」と呼ばれるものです。さざ波とは、優しい微かな波のイメージですが、銀河から降り注ぐ「さざ波」は、地上の生き物全てを死に追いやるものになるでしょう。地球始まって以来の「できこと」になります。「さざ波」の正体については、これからさらに詳しく知らされてくると思われます。いずれにしても、三次元地球のリセットが近づいているという情報は、人類にとって見逃せない、貴重で重要なものになります。

三次元地球がリセットされて五次元に向かうとすれば、それはいつ頃からなのでしょうか。そして、五次元地球とは、どのような世界なのでしょうか。

また、今現在、三次元社会で生きている私達全員が、このまま五次元世界へ移行できるのでしょうか。

加えて、移行するまでの生活スタイルは、このままでいいのでしょうか。

そうして、なぜ今世紀になってこのようなことが起きてくるのでしょうか。

人類は、これらの答えを知っていなければなりません。本書は、それらに答える内容になっています。

さらに本書では、人類の中の日本人について、特別に焦点を当てています。筆者が日本人だからではありません。そんなこととは無関係に、日本人はこの地球における重大な役割を担っているからです。

本書でその意味を詳しく解説します。五次元世界へと向かうなかで、日本人の役割がどこにあるかをお伝えするためです。

ところで、地球人はいつ頃、どこで誕生したか、ご存知でしょうか。

アフリカでしょうか。誕生した時期は、本当に20万年くらい前でしょうか。じつは、今まで私達が学校で習ってきた常識とは、事実は随分異なっているのです。

人類は、この地上を天国にする夢を抱いて、何度も何度も生まれ変わってきたのです。でも、その結果、天国を築けたでしょうか。とんでもありません。21世紀になっても、飢えて苦しんでいる人々がこの地上のあちこちに存在するのです。

軍産複合体と呼ばれるアメリカ政府は、自国の景気をよくするために、これまで常に戦争を画策してきました。ベトナム戦争、湾岸戦争、アフガン、イラク戦争、リビア、シリア、イエメンなどの中東での紛争など、数え上げればきりがありません。

アメリカが他国に戦争を仕掛ける時、国を動かしているのは、じつはアメリカ人ではありません。アメリカ内で巨大な権力を持つ白人ユダヤが大統領を支配し、アメリカを通じて世界を支配しているのです。

そうして、その背後に英国のロスチャイルド一族がいて、そのまた背後に英国王室がいます。

１９１３年、石油で大儲けしたロックフェラー一族などの金融家達が、基軸通貨と言われるドル紙幣の印刷権を手に入れました。そこから全ては始まりました。ＦＲＢと呼ぶ私有銀行です。

ここを中心にして、世界の主要国に私立の中央銀行を創設し、無価値な紙幣が巨大な価値を生み出すシステムに育て上げていきました。中東の原油などをドルでなければ購入できないようにしたのも、ドル紙幣の価値を高めるためでした。

こうして、世界中の富が一部のユダヤ金融資本家達の元へ集中する体制を築き上げ、この巨大な富を活用して世界中の権力を手中に収めていったのです。

それと同時に、国連やWTO、WHO、IMFなど、国際とか世界云々という名前の付いた国際機関を自分たちのものにしていきました。その結果、政治、経済、産業、マスコミ、教育、科学、宗教、芸能など、ありとあらゆる分野は彼らのものになりました。世界の富の9割以上を、1%の富裕者が所有するような状態になったのです。富を持つ者と持たない者たちの間に、天文学的格差が生まれたのです。

大多数の貧乏人は、お金さえ手に入れればと、お金信仰が世界の人々に浸透していきました。当然の成り行きとして、弱肉強食の思想が蔓延し、世情は殺気立っていきました。「今だけ、金だけ、自分だけ」と考える人々が、実に多く存在するようになったのです。

また、バチカンを中心に、キリスト教などの宗教を人類支配の道具にしていきました。バチカンの教皇や枢機卿が実際に信仰していたのは、イエス・キリストの教えではなく、悪魔教だったのです。

地下には莫大な金塊を貯め、生贄に捧げる児童幼児を誘拐し、さらに、小児性愛の対象としたり、臓器売買、アドレノクロム採取のための人身売買まで行われました。信じられない規模と時間をかけて、神の教えとはほど遠い悪行が行われていたのです。

さらに、2019年頃からは世界人口削減のためのCOVID19計画の下に、世界中にコロナウイルス旋風を巻き起こし、恐怖を煽り立て、WHOの掛け声の下、パンデミックを宣言し、世界中の国々にワクチン接種を強要していったのです。アメリカをはじめ、世界の国々の政治家や医者、マスコミ関係者を巻き込み、国家ぐるみで、人口削減効果を持つ「毒ワクチン」を国民に接種すべく働きかけました。

素直で柔順な国民性を持つ日本人は、80%を超える世界第一の接種率となり、3年以上経過した現在、超過死亡者数が40%を超えるまでになりました。安倍総理、菅総理、岸田総理たちは、官僚達と共に、国民の大量殺人に手を貸したのです。

この行為に対してオランダ・ハーグの国際刑事裁判所で判決が出され、政治家のみならず、医者、看護師、マスコミ関係者達は全員が逮捕され、死刑の宣告が課されることになっています。

このコロナ騒ぎは世界中を駆け巡りましたが、じつは2020年11月3日のアメリカ大統領選挙にも大きく関係していました。中国共産党とアメリカ民主党が手を組み、トランプ大統領を再選させないために、コロナの感染を避けるという名目で郵便投票を呼びかけ、大々的な不正が行われたのです。ドミニオンという集票機にも仕掛けを設けて、アメリカの投票に他国から干渉できるようにもしました。結果的には、バイデン当選を確定したのでした。

前もってこのような事態を予測していたトランプ陣営では、投票用紙に透かしを施しました。1か月後の2020年12月には、実質的にトランプ大統領が80％以上の票を獲得していたことが軍部で確認され、トランプ大統領在任中に、非常事態宣言FEMAを発動し、2021年1月20日の新大統領就任式以後も、実質米国は軍部が支配し、その軍部をトランプ大統領が指揮していたのです。

世界の闇の勢力を「ディープステイト（DS）」と呼んでいますが、マスコミを完全に牛耳っていたDS達はトランプ大統領を認めず、バイデン大統領を正規の大統領であるかのようにして世界に報道し続けました。

アメリカの闇のグループであるDS達は、CIAを使って情報を盗み、あらゆる悪に手を染めてきました。1963年のケネディ大統領暗殺もCIAの仕業でした。

これに対して、ＮＳＡという情報機関がありますが、ＮＳＡには光側のメンバーもいて、ＣＩＡの画策を妨害するなどの処置も行ってきました。ケネディ大統領存命中から、そのＮＳＡから得た情報を光側に生かすＱアノンというグループが存在しましたが、後に、Ｑアノンの情報に基づいてホワイトハットが実行部隊として活躍する体制が生まれました。

ケネディは暗殺されましたが、ケネディの遺志を継いでアメリカを正常な国に変えたいと考える一握りの軍人将校もいました。この将校たちに、銀河連合からの通信が傍受されたのが、１９９９年5月のことになります。

その通信は、もとをさかのぼれば創造主が指示されたものでした。

では、創造主は何を指示されたのでしょうか。

地球人類が、ほぼ完全に悪の勢力に取り込まれ、このままでは完全に奴隷状態にされようとしている姿をご覧になり、地球人類の救済を銀河連合に指示されたのです。

こうして、通信を傍受した数人のアメリカ将校は、国家の立て直し役としてトランプ氏に白羽の矢を立てたのです。

さっそく、トランプ氏を含めて、地球のアライアンスが編成されていきました。

対するのは、銀河連合のギャラクシー・アライアンスです。

こうして、トランプ氏はアメリカ大統領に選ばれたのですが、彼は、就任後間髪を入れずに地球の浄化活動に乗り出したのです。

彼は、英国王室を中心とした悪の組織にメスを入れていきました。日本の平成天皇も同様でした。トランプ氏と会見後、平成天皇が上皇に退いたのも、それと無関係ではありません。さらに、バチカンにもメスが入りました。

サウジの王家にもトランプ大統領は乗り込み、彼らを従わせることに成功しました。本章で詳しく述べますが、地球の地下深くには、ネガティブな地球外生命体が棲みついていたのです。アメリカと日本ではドラコニアンと呼ばれ、欧州ではレプタリアンと呼ばれる種族です。

彼らは、四次元、五次元存在なので、三次元の人間からは見えません。そこで、銀河連合が彼らの排除に乗り出してくれたのです。銀河連合は、六次元以降の存在なのです。四次元以降のネガティブな地球外生命体は、2021年12月半ば、南極基地に主なメンバーが集められ、ある条件を呑めば南極にあるポータルから逃すということで話し合いがつきました。恐らく、2022年中には全員が引き上げたものと思われます。2023年の現在、残るは地球外生命体のハイブリッドや手下たちですが、今現在、光側を支援するアライアンスやホワイトハットのグループが彼らの排除に全力を挙げています。

アメリカは、1871年、シンプソン・グラント第十八大統領の時、バチカンを通じて、英国ロンドン銀行から莫大な借金をしました。その時からアメリカ国家は、株式会社アメリカという民間会社、法人企業にさせられたのです。国家ではなく、企業だったのです。

この株式会社アメリカ政府は、2022年3月に第1回目の不渡りを出し、2023年に入って、実質倒産状態に陥っています。企業の社長でもあるバイデン大統領が国家反逆罪で逮捕されるのも、時間の問題となっています。間もなくトランプ大統領が、正式に第十九代アメリカ共和国大統領として復活します。復活したトランプ氏が真っ先にやるべきことは、NESARA、GESARAの発動・実施になります。世界の209か国が参加を表明しています。

では、NESARA、GESARAとは、具体的に何を意味しているのでしょうか。それについても、お伝えします。

これで世界の国々が、今までに経験したこともない、至福の時を迎えるように変わっていくのです。世界が変わる。日本が変わる。人間の生き方が変わる。生活スタイルが変わる。この至福の時は、いつまで続くのでしょうか。具体的な日本人の生き方とは、どのようなものでしょうか。

本書では、それらをお伝えしていきます。

至福の時を迎えるために、世界も日本も変化していくことに嘘はありませんが、それと並行して、今までの三次元世界が崩壊していきます。

DSとかカバールと呼ばれる世界の支配層がつくり上げた、今までの社会が崩壊していくのです。

それはまず、大銀行の倒産から始まります。株価の大暴落を引き金に、日本の場合、大手と言われる一流企業を含む1万数千社が倒産すると言われています。超大手と言われるトヨタも例外ではありません。

2千万人を超えるサラリーマンが職を失います。失業保険や年金制度も崩壊します。日本は、どうなるのでしょうか。

何も知らない人々にとっては、地獄の恐怖を味わうことになります。

しかし、未来を知っている人は、これこそが、人類が五次元世界のような至福の時を迎えるためのプロセスであることを知っているのです。

ＧＥＳＡＲＡが発動され、ローンや借金の債務免除、ＵＢＩと言われる毎月の収入の保証、さらに、過去に支払った税金のうち１９５０年以降分が払い戻されるのです。

医療費、生活費は無税になり、所得税、住民税、固定資産税、相続税なども不要になり、国税庁は解体されます。

フリーエネルギーの活用により、電気代も不要、Ｑフォン支給により、携帯電話料も無料になります。ここでは全てを書き切れませんが、今までの生活苦は解消されていくのです。


最後になりましたが、この書籍を著す動機となったのは、これからの時代に日本人に特に期待される使命、役割があるからです。

地球が三次元から五次元世界に変容していく時、日本人が携わる役割とは何でしょうか。明確な日本人の役割があるのです。

その役割が日本人に自覚されるためには、どうしてもお知らせしなくてはならないことがあります。それは、「地球人のルーツ」は日本人にあるということです。

学校でこんなことを教えるわけもなく、知っている人々もごくわずかでしょう。たまたま筆者は、このことを知る数少ない日本人だったのです。

その責任を痛感することから、あえて本書を世に問う次第です。

# 目次

## 第7章 日本人の役割 127

## 第8章 地球の現状と人類への導き――143



## 第9章 宇宙の実相――171

## 第1章

# 地球人の誕生

ダーウインは、進化論の中で「人類は猿から進化したものである」という仮説を唱えましたが、これは決して真実ではありません。

ネアンデルタール人が発見され、彼らは20万年前に現れて3万年前に滅亡したと言われます。その後、クロマニヨン人がアフリカで発見され、これらからホモサピエンスを経て人類に進化したというのが今の学説です。

しかし、愛知県大府市にお住まいだった故・加古藤市氏に伊邪那岐《イザナギ》・伊邪那実《イザナミ》（身）大神が伝えられた「人類の起源」は、意外なものだったのです。なお、加古藤市氏については、後に詳しくお伝えします。

加古藤市氏からの情報では、

「720万年前に日本列島、真名井原・丹波・丹庭《たにわ》に人類の起源である零迦児《むかご》のつがいが誕生し、やがて成長して結ばれ、男女交互に38名のお子を産み育て、その子孫がやがて世界各地に広がって行った。

今から4200年ほど前、日本を統一した初代アマテル天皇の次男である道主貴《みちぬしむち》が、霊神理気を大陸へ伝えるため、九州に宗像《むなかた》大社を造営され、そこから目に見えない世界の教えが大陸へ伝わって行った。

仏陀の教え、イエスの教えも、源はそこにある」

というものでした。

これは、伊邪那岐・伊邪那実大神から降ろされ、知らされた超古代の真実ですが、これまでは証明するものがなかったのです。

## ✺ 零迦児《むかご》誕生の証跡

この零迦児《むかご》誕生を知らせる証跡については、じつは宮津市の真名井神社石柱に残されていたのです。

そこには、「瓠訓《ひさごとよむ》・瓢也《ひさごなり》・比佐古之社《ひさごのやしろ》・吉佐宮《よさみや》（与謝宮）」と記されているのですが、加古氏の話を知らなければ、意味不明です。

「零迦児《むかご》」を「瓢《ひさご》」と呼んでいるのです。

そこまでは判っていたのですが、古代日本人が大陸へ渡って行ったという証拠は、この段階ではまだありませんでした。

しかし、その後、故・高坂和導氏や高橋良典氏により、この証跡が解き明かされました。二人の方に降ろされた啓示や、お二人の活動により、見事に有史以前の謎が解き明かされたのです。

また、人間が話す言葉については、38名のお子が成長した段階で、滋賀県霊仙山の頂上から天に向かって、それぞれのお子が発声し、そのこだまが天から返って76音が生まれ、やがて三重県北勢地区に位置する「石榑《いしぐれ》」で、天界に「意思くれ」と願って言葉が生まれたというお話でしたが、この段階では文字の存在は不明でした。

## ✺古代に文字は存在したのか

現存する最古の記録は、天武天皇が編纂させたという「古事記」「日本書紀」ですが、両書ともすべて漢字で書かれています。

漢字は大陸から入ってきたとされていますが、それまで日本の文字はなかったのでしょうか。

第40代天武天皇は、神武勢力に忠実で、神武が日本で初めての天皇であると偽ったため、それまでの伊邪那岐《イザナギ》天皇（最後はアマテル天皇に名前が変わる）の長い歴史を葬ったのです。

「秀真伝《ほつまつたえ》」を焼却させ、この世からそれまでの歴史を抹殺したのですが、そこに書かれていた文字は、何だったのでしょうか。

当然、漢字ではなかったはずです。

後述する高橋良典さんの研究と不思議な力で、その辺が明らかになりました。

古代日本に存在した文字、それは「アヒルクサ文字」と「イズモ文字」なのです。

伊勢神宮に奉納された「文字らしきもの」が１９７３年に公開されましたが、これを文字として読める人はおらず、意味不明だったのですが、高橋良典さんが見事に読み解きました。

その文字らしきものを次ページに掲載しておきますが、蛇が這ったような、くねくねした記号は、「アマテラスオオミカミ　フシハラフヒラ」と読め、他はそれぞれ「ヒツキミコト　ミナモトヨリトモ」「アメノウスメノミコト　フシハラタタフミ」「アマツコヤネノミコト」と読めたのです。

ちなみに、高橋良典さんのプロフィールは、「東京大学経済学部卒業後、世界各地の神

伊勢神宮の奉納文

出典：「太古、日本の王は世界を治めた！」高橋良典・著（徳間書店）

話・伝説・叙事詩の比較検討を進め、太古日本に宇宙文明が存在したことを証明するため、地下都市と古代文字の解明に取り組む。元地球文化研究所所長、日本探検協会会長」となっています。

平安時代の藤原一族の繁栄の始祖となった藤原不比等や、鎌倉幕府の源頼朝の奉納した文字は、それまで伝わっていた古代文字、神代文字でした。神に奉納する場合は、漢字でなく「神代文字」を使ったようです。

しかし、千年近く時が経過して、いつの間にかその文字を読み解ける人も存在しなくなっていたのです。伊勢神宮でも「解読不明」でした。

現在、神宮文庫に保管されている奉納文に用いられた古代文字は99点あるそうですが、その内訳は、アヒルクサ文字が57点で最も多く、アヒル文字が16点、その他アワ文字、タネコ文字、イズモ文字、絵文字などです。

秀真伝《ほつまつたえ》も、アヒルクサ文字などで書かれていた可能性が高いのです。

これで、日本の古代には、漢字でない「文字」が存在したということが明確になりました。

## ✺世界各地に残る日本の「古代文字」

ところで、世界各地に残る遺跡や遺物に書かれた未解読文字が、なんと日本の古代文字、神代文字をマスターキーにして読み解けることを高橋さんは発見しました。これは世紀の大発見ですが、なぜかマスコミは取り上げません。

ロンゴロンゴ文字、ファエストス円盤文字、クレタの線文字、アンデスの黄金版碑文が解読されたのです。

しかも、その解読された言葉は、日本語だったのです。

これこそ、日本人が世界に散らばって行った古代の歴史を証明するものであり、「地球人は日本人が起源」を証明することになるのです。

「日本人は、凄いルーツを持った民族である」と知って、読者の皆さんは、興奮しないでおれるでしょうか。

筆者が今お伝えしている情報は、単に歴史の真実を明かすだけのものではありません。これからアセンションを迎えようとしている私達が、日本人の信じられない過去の歴史上の働き、能力を知って、自信を深め、自覚を強める大いなる資料になるのです。そして夢、ロマンを感じずにはおれないのです。

## ✺「太古日本から人類は世界に広がった」を裏付ける資料発見

それでは、皆さんを信じられない世界へ誘いましょう。

日本人の祖先をカラ族（＝クル族）と呼びますが、彼らは太古に高度な文明を築き、今から２７００年以前に世界各地をトンネルで結ぶ巨大な地下都市ネットワークを建設していました。

そのうちのひとつ「南米カラ帝国の七つの都」は、その一端がすでに姿を現し始めています。１９６０年代半ばに見つかったエクアドルの地下都市がそれです。

この地下都市は、１９６５年にハンガリーの探検家、ファン・モーリスによって発見され、１９７２年、スイスの作家、デニケンの著作「神々の黄金」で広く世に知られるようになりました。

この地下都市には、「アンデスの黄金版」と呼ぶ謎の碑文が眠っていました（次ページ写真参照）。エクアドルの地下都市に潜入したデニケンは、彼のそれまでの知識を遥かに凌駕したものに遭遇して驚き、「これは別の惑星から飛来した宇宙人がつくった地下都市であ

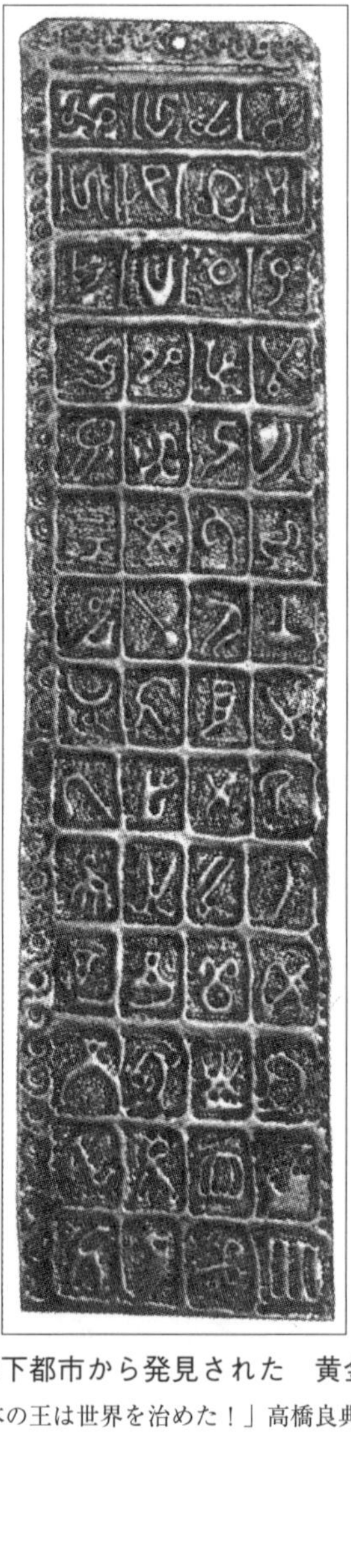

アンデス地下都市から発見された　黄金版の文字

出典：「太古、日本の王は世界を治めた！」高橋良典・著（徳間書店）

る。だから、黄金版に刻まれた文字は、宇宙人が遺したものに違いない」と考えました。

デニケンは世界の多数の学者に解読を依頼しましたが、誰も叶いませんでした。

## ✺アンデスの地下都市から発見された「日本の古代文字」

高さ52センチ、幅14センチ、厚さ4センチの不思議な黄金版碑文を見た高橋さんは、大きな衝撃を受けました。なぜなら、そこに刻まれた56の文字、ファン・モーリスやデニケンを驚かせた未知の文字は、彼の見慣れた神代文字だったからです。

さっそく読み解くと、次のようなメッセージが現れました。

「コレナルキンノイタニ　イサクトヨセフシルス　ココニワガクルノタカラアツメシメノチノヨニツタエテ　イシスエタラシメム　ヤハウエヲワレラノカムイトアヤメヨ」

読みやすく書き直しますと、

「これなる金の板に　イサクトヨセフ記す　ここにわがクルの宝　集めしめ　後の世に伝えて　礎たらしめむ（ん）　ヤハヴェを我らの神とあがめよ」

となります。

いかがですか、皆さん、信じられますか?!

日本から遥かに離れた、エクアドルの地下都市にあった「黄金の板」に記された未知の文字が、日本の古代文字であり、しかも、現代人でもわかる日本語で書かれていたというのです。

これこそ世紀の大発見であり、ノーベル賞にも匹敵するものと思われますが、残念ながら本書を読んだ人でなければ知らない状態に置かれているのです。正式の考古学者でなければ、学会は認めないのでしょうか。

「権威」とか「名誉」の世界は、常人では理解し難いものがあります。

ところで、イサクやヨセフは古代ヘブライ人の名前であり、ヤハヴェは旧約聖書に登場する名前です。ヘブライ人がヤハヴェの神を祀ったのはわかるものの、なぜ日本語で書かれているのでしょうか。

それは、日本人の祖先とユダヤ人の祖先が同じクル族だからなのです。

古代イスラエルのあったサマリアは、もともとは「カルクー」や「クルクー」と呼ばれていました。クーは国を意味するので、カルクーはカラ族の国、クルクーは、クル族の国となります。つまり、ユダヤ人と日本人は、その昔カラ族と呼ばれた「日経《ひふ》る民」（ヘブライ人）から分かれた兄弟民族だったのです。

日本の神代文字で書かれたアンデスの黄金碑文に、ユダヤ人が長い間捜し求めてきたクルの宝、すなわち地球大異変で滅び去った「太古日本の宇宙文明の遺産」のありかが記されていたと見られるのです。

この当時、世界的支配力を持っていたロスチャイルド一族も、人を使って必死に捜し求めており、神代文字に異常な関心を寄せていました。

では、その宝とは何でしょうか。

それは、日本人の祖先が世界を治めていた時代に使っていた「ヴィマナ」と呼ばれる空挺なのです。地球の上空だけでなく、惑星間飛行もできた航空機の構造と材料、性能、建造法、操縦法などが具体的に書かれた古文書「ヴィマニカ・シャストラ」が存在するのです。

太古日本の科学者は、重力の問題を解決し、あらゆる形の飛行機械をつくれただけでなく、住まいや都市、巨大な島さえ宇宙空間に浮かべることができたのです。

## ✺縄文時代・弥生時代の遺物から発見された「古代文字」

さて、話を本題に戻して、日本の考古学会では、今まで日本で発掘される縄文時代や弥生時代の遺物に書かれたものを、文字とはみなさず、「文様」だとして取り扱ってきました。「文字らしく見えるもの」については解読していますが、なぜそのように読めるのか、その根拠は示されないままです。

例えば、愛媛県・樹の本古墳から出土した「獣帯鏡」に記された九個の文字を、今までは「長・相・思・母・口・忘・楽・未・央」と読んできましたが、意味は不明であり、円形であるため、どこから読み始めるのが正しいのかも不明でした。

そこで高橋さんは、古代人が方位や時刻を表す最初に使った「子（北）」の位置から読み始めました。そして、見事に解読に成功したのですが、その結果は、「ニニギヲ　タテマツロ」となったのです。

今から2700年ほど前に、神武が権力を行使して天皇になった時、天皇の祖先は九州高千穂に天下った「ニニギノ尊」とし、それまでの歴史である伊邪那岐の時代を消し、天《アマ》照《テル》天皇の時代を消し去ったのですが、その「ニニギを奉ろう」と書かれているのです。

この段階で、神武勢力がこれをつくらせたことが明白になります。

東京国立博物館に保管されている「単圏銘帯鏡」の表面には、8つの渦巻文の間に8個の文字が刻まれています。帝国大学の権威者は、これを「見・日・之・光・天・下・大・

明」と読みましたが、意味は不明です。

高橋さんは、これをイズモ文字とトヨクニ文字の混用として解読しました。その結果、「ヒッキヲアタヘム」となりました。

ヒツキとは、日継と同じで古代人の日月信仰に根ざした王位・王権を表しています。従って、「それを与えん」とは、古代の日本を治めた天皇によって、各地諸侯の支配権を保証するものとして与えられたということを意味しているのです。

このような鏡は、韓国、中国からも出土しています。古代日本人が、日本列島だけでなく、朝鮮半島、中国大陸でも活躍していた証拠が次々と明らかになってきているのです。

このアヒルクサ文字は、今から三千数百年前にまで遡ると言われている殷の甲骨文字の草書体であることも発見されました。

一方で、肝心の日本でこのような文字が発見されません。なぜでしょうか。

奈良時代以前の歴史を封印した力、古代文字を否定し、漢字しかなかったかのように仕向けた力は、いったい何だったのでしょうか。日本最古の記録が「漢字」であるのは、なぜでしょうか。

高橋さんは、大化の改新（６４５年）と白村江《はくすきのえ》の戦い（６６３年）の時代に、ある勢力が、日本海周辺のほぼ全域に台頭し、日本にあった固有の文字と文化を消し去ったと推測しています。その勢力は、中国による日本占領支配ではなかったかと述べられていますが、筆者の見解は、天武天皇の歴史抹殺の行動がそのようにさせたものと考えます。

天武天皇は686年に死亡していますが、時期はぴったりと重なるのです。

天武天皇の丹生家に対する弾圧の凄まじさや、「本当の歴史」を消し去ろうとする執念は異常でしたが、歴史的には、そのことを示す何物も存在しないので、全く闇の中なのです（丹生家については、後に解説）。

それでは、なぜそのようなことがわかるのかということですが、これは、故・加古藤市氏を通じて、伊邪那実大神から知らされた貴重な「お知らせ」の賜物なのです。

「闇の力が働いて、歴史資料が抹殺された」と看破された高橋さんの推理は見事に当たっていたのです。

新しい歴史書である古事記をつくるに当たって、稗田阿礼が神代文字で書かれた記録を「読んだ」ものを、大野安万侶が漢字に改めていったのですが、宮崎県高千穂で見つかったという碑文は、「ヒエタノアレモコロサレキ」と解読され、古事記編纂後、稗田阿礼は何者かに殺されたことが判明したのです。神武勢力による、イザナギの歴史の真実を消すために他なりません。

## ✺世界各地の文明と日本人の関わり

インダス川流域を中心に、その昔、エジプト文明やシュメール文明以上の広がりを持ったインダス文明を築いたのは、日本人の祖先であるクル族であるという可能性が、高橋さんの調査で現実的になりました。

高橋さんは、シュメール伝説のティルムンの都と見られるモヘンジョダロの遺跡から出土した１５００点を超える遺物に刻まれた謎のインダス文字、それを日本の神代文字で読み解けないかと挑戦、調査されたのです。インドのデカン高原に目をつけ、調べてみると、いろんなことが判ってきました。

富士吉田市にある浅間神社の宮司である宮下家に伝わる「宮下文書」によれば、「この世に二つとない珍しい山・富士山（不二山）麓の高天原に日本の祖先は降臨した」と記述されていますが、富士山は、そんなに珍しい形をしているわけでなく、この高天原とは、インドのデカン高原でないかと考えました。

「この世に二つとない高砂之不二山」とは、日本ではまずお目にかかれない形をした山「バンパトケヤ」ではないかと考え、そこの宝庫である岩絵にアヒルクサ文字、トヨクニ文字を確認できたのです。

具体的には、「マツラバヤ（祭らばや）」とか、「トワナレ（永遠なれ）」「シバタテマツル」などが解読できました。ちなみに、シバとは、シバ神のことです。

南インドのタミル人が話すタミル語は、日本語と文法、言葉が法則的に対応することが、日本の学者によって証明されていますが、「タミル」は「ティルムン」が「ティムル」と変化し、それが訛って「タムル」となったと考えられ、古代日本人が起源なのです。

ギリシャの歴史家ヘロドトスは、カラ族がカリア人として、小アジア（トルコ半島）や地中海沿岸各地で活躍していたことを、その著「歴史」の中で述べています。彼によれば、地中海はかつて「カルの海（カラ族の海）」と呼ばれ、カラ族はエジプト、メソポタミヤでも活躍していたと言います。日本人の祖先であるカラ族の足跡は、日出づる国から日の没するアフリカのモロッコまで辿ることができるというのです。

カラ族を起源とする民族は、日本人やタミル人だけでなく、今から3千年前に地中海東岸にイスラエルを建国したユダヤ人の祖先のヘブライ人や、エジプトと並ぶ超大国として栄えたミタンニ王国のフリル人、地中海沿岸やアフリカ大陸で活躍したカリア人もカラ族の一派であることがわかってきました。

オセアニア地域である、オーストラリア北部キャンバレー山脈の岩壁に描かれた人物像の上部には、神代文字で「アルジ　イサク」と書かれています。この壁画は、紀元前700年頃に活躍した太古日本の王（天皇）イサクの姿を偲ばせます。イサクはアメリカ大陸に足跡を残しただけでなく、オーストラリア大陸でも活躍していたのです。


サハラ砂漠西部のマリ共和国アドラール・デ・ジフォラス地区で見つかった銘文には、紀元前七世紀の初めにアフリカで大活躍したスサダミコ（ヨセフ＝ホホデミ）の名が「スダース」として登場します。ティルムン王ウヘリの息子として登場するスサダミコ（ヨセフ）が、アフリカでも活躍したスダース王なのです。

高橋さんは、スサダミコとは、日本神話の山幸彦・火々出見尊だというのですが、スサノオに関係はないでしょうか。同じ人物でも、各地によって呼び名が変わっているのです。

この他にも、飛行艇を使って世界を統治していた原日本人・カラ族の高度な文明について書かれていますが、ここでは省略します。

この高橋さんの研究調査により、神の知らせた「日本列島から世界へ」という「お知らせ」が極めて現実的なものとなりました。

## ✺ 紀元前の地球規模の大異変

スサダミコ、スダース、スダス……彼は太平洋一帯を支配下に置き、統治したと考えられますが、そうした広大な地を治めた王と国家、文明が忽然と消えてしまったのはなぜでしょうか。その答えはひとつです。

インドの古文書「マハーバーラタ」には、日本の高天原の神々にその名を変えたクル族の英雄同士の争いが物語られており、バーラタ国とも呼ばれたティムルン＝日本の崩壊は、地球規模の大戦争によるものであると書かれています。

この戦いは、モヘンジョダロをはじめとするインダス文明の諸都市に侵入してきたアーリア人の陰謀によって始まった戦争だったのです。

「マハーバーラタ」による記述では、この戦争は、ミサイルを使った核戦争であったことがわかります。

その記述は、まるで広島・長崎の原爆の様子を書いたのかと思われるほど、生々しい内容が酷似しているのです。実際に、モヘンジョダロからは、核の熱によるとしか考えられない「ガラス塊」が発見されています。

太古の文明遺跡が「地下都市」の形式をとっていることも、この核戦争と何か関連がありそうです。現代でも、アメリカを始め世界各地に「核シェルター」として広大な地下施設が建設されていることは、皆さんご存知でしょう。

余談ですが、太古の日本のティムルン・ムー文明の建設者が中心となって「シャンバラ」と呼ばれる地下王国を築いたという話がありますが、この時代の日本人は、どうしたのでしょうか。

戦争の反省から、地下へ潜り、野蛮な支配者から絶縁して、人間性を発展させたのではないかと考えられます。

同じ日本人のルーツであっても、地上の日本人は権力を導入して、その後、人間性を退化させ、地下に潜った彼らは、格段の高いレベルに進化を遂げたようです。彼らは、いつでも「アセンション」を受け入れる可能性のある「レベル」にあるそうです。後述する「クルの宝」は、そちらの世界に保管され、使用されているのではないでしょうか。

この破滅的な核戦争は、今から2800年前に起こり、この時エジプトやメソポタミア、インドに侵入した好戦的なアトランティス、アッシリアの血を引くアーリア人の一部族が、フリル＝ミタンニ・エジプト王家の内紛に乗じて、カラ族を同士討ちに駆り立て、カラ族全体の没落をもたらしました。

つまり、アーリア人の台頭とその後の二千数百年にわたるティルムン＝日本文化の後退、アジア・アフリカ・アメリカ・オセアニア地域の歴史の空白は、紀元前8世紀の最後の核戦争と、それに伴って発生した地球規模の異変によってもたらされたと考えられるのです。

この戦いは、それまで世界全体を治めていたティルムン＝日本の天皇家に対するアッシリア（アーリア・漢）の覇王の陰謀から始まりました。この時、アッシリアの連合はティルムン王家が持っていた「世界の王の印」「クルの宝」を狙っていたのです。

その「クルの宝」は、東大国王スサダミコの持っていた空挺「ヴィマナ」であることは明らかです。別名「ソロモンの秘宝」とも呼ばれたこの宝こそは、その後２７００年にわたって東王国の各地を侵略し、歴史を偽造し続けてきた欧米・中国の支配階級が長い間探し求めてきたものなのです。

「歴史は繰り返す」と言いますが、人類は今また核戦争の瀬戸際を歩んでいます。一部の金融エリート達が、全人類を奴隷化し、核戦争も視野に入れていましたが、１９９９年から銀河連合の介入により、アースアライアンスが生まれ、トランプ大統領が登場してから、この流れは完全に変わりました。

日本が世界を平和に治めていた永い歴史が事実であれば、日本の本来の天皇を中心として、再度世界を平和に導く責任とその能力が日本人にはあるように思います。そして何よりも、その大いなる「自覚」を取り戻すことが急務になります。


最後に、高橋さんのメッセージをお伝えします。

時代は今、再度の地球規模の異変を前にしている。

地球は今や恐るべき環境破壊の極限に達し、危機的な状況を迎えている。

私達が夢を失い、日本が果てしない混沌状態に陥って国家目標を失った今こそ、私達は真実の歴史に目覚めることを求められているのだ。

もしも、私達が消え去った日本の神代文字を武器として、失われた古代カラ族の歴史を復元し、そして新たに平和な地球統一国家を築くことができたなら、歴史の闇の中に消えていった世界各地のカラ族の同胞たちがどれほど喜んでくれることだろうか。

世界は今、国家や民族の対立を越えた新しい歴史、真実を求めている。

そして、真実の歴史を知り、未来の展望を掴んだ者だけが、新しい宇宙世紀の地球の歴史、よみがえったティルムン＝日本の輝かしい歴史を創り出すことができるのだ。英知と勇気と愛を持って、私と共に新たなる地球探検・歴史探検の旅に出発しようではないか。

第2章

# 歴史の真実が知らされる「不思議」

さて、第一章では地球人の源流が日本人だったということを述べましたが、では、なぜそのような遠い歴史の真実がわかるのでしょうか。

世界地図を見ると、現在5大陸から成り立っていますが、かつてムー大陸やアトランティス大陸があったことは、今や公然の事実になっています。

しかし、そのようなことを記録した文献もなければ、伝承もありません。それなのに、なぜ人類は知ったのでしょうか。

宇宙が教えたのです。宇宙には、遠い過去でさえ再現できる技術があるのです。人間が記録しなくても、宇宙は記録しているのです。

その記録を読み取れる、進化した異星人がいます。

神々も同じです。神々は、誕生されてから百億年以上も生き続けておられます。だから、遠い人類の過去もご存知なのです。それを、必要な時に、人類の誰かに教えられるのです。

もちろん、選ばれた人にだけですが、これとて、全てを教えられるわけではありません。

歴史の一駒を教えられるに過ぎません。

神は言われます。

「全てを教えると、教えられた人間が増長慢になるからじゃ」と。

こうして、少しずつを何人かに教えられるのです。

教えられた人は、それを発表します。それらの情報をまとめて整理すると、つじつまが合い、整合性が取れた情報となります。

こうして、百万年以上も昔のできごとを人類は知ることができるのです。


そうは言っても、誰にでも知らされるわけではありません。

「求めよ、さらば、与えられん」というのが、宇宙の仕組みなのです。求めない人には、これらの情報が与えられることはありません。真剣に求めた人には、地球の歴史や人類の歴史が伝えられるのです。

すでにお知らせしたように、地球人が、日本列島で720万年前にむかごから誕生したと教えた神は、伊邪那岐・伊邪那実大神でした。夫婦神です。

愛知県大府市にお住まいだった故・加古藤市氏に教えられたのです。神は、むかごから誕生したその証跡が実際にどこにあるかまで、追跡調査を指示されたのです。

こうして、世界の誰も知らないことを、日本人に伝えられたのです。日本人の使命の大きさ、自覚の必要性を知らされたのです。

宇宙を創造された存在があり、その方が間違いなく人類を導いておられることを、創造主ご自身のお言葉で伝えられた人物として、エレナ・ベラスケさんがおられます。ベラスケさんは、創造主と会話できる能力を与えられました。地球のアライアンスのメンバーを創造主が選ばれる時の通訳もされたのです。

さらに創造主は、「聖なる9の年に、全てが成就する」とオーストリアのヤーンさんに伝えられました。皆さんもすでにご存知かと思います。

では、「聖なる9の年」がいつなのか。「全てが成就する」の中に、何が含まれているのか。そんなことまでは伝えられていません。

「あとは、人間が考えなさい」ということなのです。

## ✺善悪共存の惑星として、地球が計画される

地球は、二元性の惑星として、善だけでなく悪も存在するように計画され、悪を育てる

役割をルシエル天使に与えられました。

ルシエル天使は、7大天使のうちのお一人です。他に、ミカエル天使長、ガブリエル、ウリエル、パヌエル、サリエル、ラファエル天使がおられます。

やがてルシエルはルシファー・サタンとなり、悪を育てたのです。この方は、日本名・国常立太神だと伝えられました。

この神の働きもあって、地球は丸ごと悪の勢力に奪われてしまいました。人間が悪に打ち勝って、飛躍的成長することを期待されましたが、残念ながら、悪に負けてしまったのです。

これ以上、地球を放置しても、人類の進化は得られないと創造主は判断され、地球のアセンションを許可されたのです。

人類を救うべく、銀河連合に指示されました。

「銀河法典」には、アセンションを目指す惑星住民を指導援助する使命があると書かれており、銀河連合が本格的に地球人類救済に乗り出してくれたのが、1999年5月のことになります。

## ✺地球外生命体の地球への関わり

地球人類誕生以降、ネガティィブな地球外生命体までが地球に乗り込んで、人類を悪に誘導してきました。

最初に、惑星ニビルからアヌンナキ種族が地球へやって来たのは44万５０００年前でした。アヌンナキの長であるアヌが地球人の女性に産ませた子がエンキですが、レプタリアン種族に産ませた子にエンリルがいます。

奴隷解放などで人類に貢献したエンキに対して、エンリルは37万２０００年前から地球人の遺伝子操作を行い、それ以来、あらゆる悪事を働いてきたのです。アラーの神とヤーヴェの神を対立させて、宗教戦争を起こさせたりもしました。

彼らは、誘拐した地球人の女性に子供を産ませ、ハイブリッドとして手下を養成してきました。

人類がアセンションするには、この邪悪な勢力を一掃する必要がありました。その戦いに、すでに20年以上を要したことになります。

２０２２年10月、ある惑星にアヌが召喚され、エンリルの裁判が行われました。

この時集まったのは、3つの銀河評議会、5種族の評議会、アンドロメダ評議会、銀河連合のシーダー種族の評議会の面々でした。

2023年の今日、ようやく邪悪な地球外生命体は排除され、残る手下やハイブリッド達も大物から順次、排除されつつあります。

彼らが人類を支配した手法として、お金がありました。人類を貧しくして、お金を与えず、人々がお金さえあれば、と切望する状態をつくったのです。多くの人々が「お金信仰」に陥りました。

ディープステイト（DS）と呼ばれる悪を排除するには、人類のお金のシステムを変える以外になかったのです。そこで、基軸通貨であるドルを世界の金融市場からリセットする方法が取られました。これは「GCR（グローバル・カレンシー・リセット）」と呼ばれています。後に詳しく説明します。

## ✳ 地球をアセンションさせる計画の開始

これまで各国政府は、国民を騙して勝ち取った権力を背景に、国民に税金を課し、権力の維持と自分たちの栄華を追求してきました。

そのなかで銀行は、金利を取って、住民を苦しめてきたのです。

このような体制は、アセンションした世界とはほど遠く、このままでは人類の目覚めは起きないと判断され、政府の縮小、権限の縮小、税金の廃止（贅沢品の新品購入だけに消費税を設ける）、そして銀行には、金利を取ることの廃止などを定めた、世界共通のGESARA法を発動することになったのです。

今まで悪の集団に搾取されてきた莫大な資産が、悪のDSから取り上げられ、世界の住民に分配されることになりました。

それが、RV貨幣価値の評価替えであり、UBIと呼ばれる、毎月個人ごとに支給されるベーシックインカムになります。

人間として生きるための必要経費が支払われるのです。これで、生活困窮者はいなくなります。

仕事を継続して報酬を得れば、それは所得税なしで受け取れるのです。あらゆる税金、例えば所得税、住民税、固定資産税、相続税、ガソリン税、重量税、酒税、たばこ税などが不要になります。

宇宙技術が6千個以上、順次公開され、無料で使えるようになります。真っ先に来るのが、フリーエネルギーです。小型の発電機を各家庭に置けば、電気代は無料になります。送電線は不要です。

メドベッドについては、すでにご存知でしょう。将来的には、各家庭に1台置かれるようになるそうです。

これによって、あらゆる病気の治療ができます。若返りもできるのです。

もう健康の心配は不要になります。

こうして、仏陀が言われた三次元世界の苦悩である「生老病死」の苦しみが解決されていくのです。おわかりでしょうか。

最も大きな生きる苦労である、お金を稼ぐ必要がなくなります。

老いる心配もなくなります。もちろん、病気はしません。

最後に、死ぬ苦しみはどうでしょうか。

1回メドベッドに入るだけで、30年若返ると言われています。その間に、地球が五次元になれば、時間に制約されない世界がやってきます。すなわち、アセンションすれば、死を考えなくてよくなるのです。

これで、全てが解決するのです。まさに、環境は五次元世界に近づくのです。

## ✷「最後の審判」がやってくる

とは言っても、そのまま五次元世界が持続していくわけではありません。住民の波動が五次元レベルに達しないからです。

創造主が「聖なる９の年には、全てが成就する」と言われた真意は何でしょうか。「最後の審判」が成就するとも解釈できるのです。

すなわち、アセンションできる人と、できない人の仕分けが終わることを意味します。

これは、困ったことにならないでしょうか。

「生老病死」の苦しみがなくなって、多くの人々は浮かれていないでしょうか。何も考えない人間にお金を持たせた時、普通の人間はどうするでしょうか。怠けて遊び放題にならないでしょうか。波動が高まっていくでしょうか。生きる目的も見出せない人々が、増えてこないでしょうか。

このような人々が、意識をアセンションに向けて行けるかどうかは、極めて危惧される事態なのです。

生活苦のある今のうちに、宇宙を学び、生きる方向性を学ばないと、生活環境が大きく好転した時、却って目覚められなくなるのではないかと、心配されます。２０３２年には人類の黄金時代が到来すると、銀河連合は伝えています。その時になって、あるいは、それまでに目覚めればいいと考えていると、結局大きなチャンスを失うことになると考えられるのです。

日本人は、これまで営々と生き続けてきました。７２０万年の歴史は、未だ霧の中の部分もありますが、４２００年前からの歴史は明かされました。アマテル天皇が登場された頃です。後に詳しくお伝えします。

私達は、日本だけでなく、あちこちの国で何度も転生を繰り返してきたわけですが、いよいよこの辺で、地球のアセンションと共に次元を上げていかなければならない時が到来したのです。

「万物は進化する」というのは、「宇宙の法則」です。人類も、そろそろ三次元から五次元に進化する時を迎えているのです。

そのためには、最後の審判をクリアしなければなりません。

## ✺「輪廻」から解放されるチャンス

はたして、五次元世界はどのような世界なのか。その一端を実感させていただけるのが、今回のＧＥＳＡＲＡ法発動に伴う生活の変化ではないでしょうか。

このような夢のような環境が、このまま永遠に持続するわけではありません。なぜなら、この段階で、三次元レベルの波動を維持している人々と五次元波動に近づくべく努力している人々が混在するからです。

最終的に、五次元波動に達した人だけが、選ばれるのです。

せめて、地球人類の半分くらいが次元上昇できれば有り難いのですが、銀河連合の伝えるアセンション適合者の数は厳しいものがあり、１割強と伝えています。

でも、決して制限があるわけではないのです。希望者が真剣に取り組めば、全員であろうとも不可能ではありません。

しかし、希望者が果たして全員に近いでしょうか。「宇宙の摂理」も理解しないで、ただただ三次元地球の意識だけで生きている人々は、アセンションに意識が向かないのです。アセンションを知ろうともしない人々が、９割以上もいるのです。

この宇宙が多次元でできていることさえ理解しません。この三次元世界が、宇宙の全てだと思い込んでいるのです。

どのようにして、彼らに知らせたらいいのでしょうか。どうしたら、彼らが宇宙の姿を知りたいと思ってくれるでしょうか。

今や、他人事ではないのです。自分の肉親、伴侶、友人など、全てが対象です。どの道を選択するかによって、この先の人生が大きく変わってしまうのです。

今まで一緒に生活し、一緒に歩んできた仲間達です。なぜ、別れわかれにならなければならないのでしょうか。

またとないチャンスが、今、訪れているのです。地球と共に今回アセンションを達成すれば、三次元世界への「輪廻の鎖」から解放されます。この意味は、大きいのです。

意識を六次元に向けて生きられるようになります。今までは、肉体の死後、ようやく五次元天国に辿り着いても、しばらくすれば再び三次元世界に生まれて来なければなりませんでした。「輪廻の法則」があるからです。

しかし、ついにそこから卒業させて貰える、またとないチャンスなのです。

## ✹「奴隷」は、アセンションしない

奴隷にならないためには、まず自分の意志を明確にすることです。

それは、「自分は独立した存在であって、誰かに支配される奴隷ではない」と思うことから始まります。「今でも、自分は奴隷でないと思っているよ」とあなたは言うかもしれません。それは、奴隷になっていても、奴隷だと気づかない状態にいるということに、あなたは気づいていないからです。ちなみに、ここで言う「あなた」とは、一般人のことです。

では、なぜあなたが奴隷なのか、おわかりでしょうか。

生身の体に、政府がワクチンを打てと言えば、何も考えずに打ちに行くからです。ワクチンの中身や、その信頼性を確かめたでしょうか。

ワクチン開発には、いろんな安全性の実験を繰り返し、承認までには最低でも数年から10年以上の時間が掛かるのです。

にも拘らず、緊急だからという理由を付けて、３年程度の時間で、国民に実験として打たせることにしたのです。

動物実験では、２か月でマウスが全滅したという話も伝わっています。

こんな危険なものを、ワクチンという言葉に騙されて打つようでは、あなたは奴隷だと言われても仕方ありません。

日頃から何も考えようとしない自分に、気づいているでしょうか。他人の言うまま、他人の意見に従うだけになっていないでしょうか。自分で真実を追求したり、考えようとしているでしょうか。

自ら考えたり、判断しない人は、魂が奴隷になっているのです。奴隷がアセンションすることはありません。

他人の言いなりになる人、他人の目ばかり気にする人は、自立できていないのです。自立できていない人は、何かに支配されていることになります。

支配されている人を、奴隷と言うのです。

今、日本社会で何が起きているか、あなたは知っているでしょうか。

テレビや新聞、週刊誌だけから情報を得ている人は、真実をほとんど知りません。ネガティブな情報が溢れている中で、あなたは、恐怖心や不安を手放せません。こういう人もアセンションできません。ネガティブな世界へ引きずり込まれていくのです。

ここで、アセンションできない人の条件をまとめてみます。

宇宙を知ろうとしない人、宇宙創造主の意志、意図、想いを知らない人、知ろうとしない人は、波動が高まりません。

次に、自分が自立していない人、いつも何かに依存し、力に頼っている人は、力に支配されている人です。支配されている状態、すなわち奴隷では、新しい五次元世界を創造する仕事に携われません。なぜなら、そこは、自ら創造する世界だからです。

自分の意志で考える力のない人、判断力のない人も同じです。

こうした状況から逃れた人は、アセンションする資格のある人になります。そして、アセンションを知ったなら、「必ずアセンションしたい」と決断する必要があります。決断した人は、最終的にアセンションできるのです。

波動が多少不足していても、熱意があれば、神々は見捨てません。

では、熱意はどうやって表すのでしょうか。

それは、日頃の生活の中で、アセンションに関する事項を最優先する「真剣さ」を表すことです。生半可な、適当な想いでは、波動も高まらず、「最後の審判」に残れなくなるのです。

今世紀中に、地球が五次元世界に大変化するという真実を、未だに信じられない人もいます。信じているつもりでいる人でも、本気になれない人がいます。従って、真剣さが不足しているのです。

宇宙は、いつまで待ってくれるでしょうか。地球は、いつまで人類を待ち続けてくれるでしょうか。

2025年の「最後の審判」まで、残り2年と少しです。

もちろん、2026年にアセンションが実現するわけではありません。

2032年、人類は黄金時代を経験します。五次元世界と全く同じような状況を体験させていただくのです。

「このような世界へ行きたい」と決断できれば、後は波動の問題だけになりますが、先に述べたように、あまりにも快適な環境を与えられると向上心をなくする人間が現れてきます。そのことを考慮すれば、黄金時代の来る前、2025年の「全てが成就する」年をゴールと考えて、決断した方がいいのです。

そのつもりで、皆さんにお伝えしていく必要もあります。

## 第3章 天皇家の起源

天皇家は、世界広しと言え、日本だけに存在しますが、いつ頃から存在したか、ご存知でしょうか。

今から720万年前、地球人類の始祖がつがいの「むかご」として降ろされたのが、真名井原・丹波・丹庭《たにわ》の地だとお伝えしました。

真名井原とは、日本列島を意味します。

天の橋立の最北の延長線に籠神社がありますが、その奥宮に真名井神社として祀られているのが、その痕跡になります。

天の橋立とは、先端を天空に向けて、梯子のように、人類の始祖が降ろされてきたイメージになります。

この神社では、「むかご」の発祥地であることを石に刻んで、後世に伝えていますが、この事実を知らなければ、意味不明なのです。

前述しましたが、「むかご」を「ひさご」と呼んでいます。

「瓠訓《ひさごとよむ》・瓢也《ひさごなり》・比佐古之社《ひさごのやしろ》・吉佐宮《よさみや》（与謝宮）」

実際には、与謝海と呼ばれる舞摺湾内で誕生したと思われます。海に浮かんだつがいの「むかご」を、湾外へ流されないように、数羽のコウノトリが羽ばたいて誘導した地が、舞鶴だと言われています。赤ちゃんができることを「コウノトリが運んでくる」というのは、これに基づいているのです。「むかご」を降ろされたのは、伊邪那岐・伊邪那実夫婦神だとのことです。

では、そのようなことがなぜわかるのでしょうか。

愛知県大府市にお住まいだった故・加古藤市氏が、60歳の時、突然この神々との交信が始まり、人類の重大な真実が明かされ始めました。

この交信は、以後30年も続いたとのことです。

## ✺「38人のお子」から人類はスタート、長男が皇となる

小動物に育てられた「むかご」は、やがて成人し、結ばれます。自分達を、イザナギ・イザナミと名乗りました。

そして、38人のお子を産むのです。男女、規則正しく順番に生まれました。

その長男と長女が結ばれて「皇《すめらぎ》」を名乗り、他の18組の夫婦が皇を補佐していく役割を定められました。

長男の皇を大丹生家《おにゅうけ》と呼び、他の18組の夫婦を丹生家十八家と呼んでいます。今でも日本の各地に「丹生川」など「丹生」の地名がありますが、これらは丹生家と関係がありま す。ここに、日本の天皇制の原型があります。

38という数は、このように深い意味があり、福井県にはかつて「三十八社町」という町名がありました。紫式部で有名な滋賀県の石山寺には、「三十八社」という社が今も残されています。奈良県の葛城族のお墓にも、同じような社があります。

38人のお子が集う場所を、「三八子《みやこ》」すなわち「都」と言ったのです。

舞鶴の近くに瀬崎という土地がありますが、ここは昔からの言い伝えで、38軒しか住めないことになっています。それ以上は分家が許されなかったのです。

大丹生家・皇が丹生家18家をもてなした名残りから、毎年「36のお膳」をお供えする行事が今も残っていますが、土地の人々は、その意味がわからなくなっています。

38人のお子を産まれた初代の伊邪那岐尊、伊邪那実命は、１万年近く生きられたようですが、最後にお隠れになったお墓があるのをご存知でしょうか。

滋賀県の武奈山の中腹に、大杉竜王大神をお祀りする北原竜宮があります。大きな杉の樹の下に社がつくられていて、御嶽教の人々が密かに隠し祀りされてきたのですが、いつしか、どなたをお祀りしているのかわからなくなっていたのです。これは意図的にわからなくしたようで、なぜなら、神武勢力に知られてはならなかったからです。

その社こそが、初代伊邪那岐尊をお祀りしていた場所であると、故・加古氏に神が伝えられました。ちなみに、この場所から頂上へ向かったところに本来のお墓があったようで、今は私有地になっていますが、かなり大きな石が折り重なって、幾つも倒れています。

さらに、神がお知らせになったのですが、この場所から未申《ひつじさる》（南西）方向に、伊邪那岐尊に遅れてお隠れになった伊邪那実命のお墓があります。これは比婆神社として祀られています。つまり、丑寅《うしとら》（東北）方向の武奈山に伊邪那岐尊、未申方向の比婆山に伊邪那実命が眠っておられることになります。

なお、東北方向は鬼門であり、丑寅の金神の祟りがあると怖れられましたが、本当の意味は、貴門だそうです。初代伊邪那実命を未申金神ともお呼びします。

ちなみに、古事記に書かれている伊邪那実命のお墓である比婆山は、島根県になります。果たしてどちらが本当でしょうか。

## ✺日本列島から世界へ散らばる

さて、ここから世界へ広がっていったのが、地球人類の歴史になります。西へ移動していった人々は、やがてシュメール文明を築いていきます。シュメールとは、スメル（皇）から来ています。

メソポタミヤ文明も築きました。メソとは、女祖であり、これはチグリス・ユーフラテス川が交差する手前のデルタ地帯が女性の局部をイメージさせるところから来ています。女祖穂多宮が、メソポタミヤとして残りました。

東へ移動していった人々は、やがてアメリカインディアンとして栄えていきます。今でも彼らが話すコトバの中には、「あっち、こっち、徐行、汝、暗示」など、幾つかの日本語があります。

加えて、アメリカの地名には、インディアンが命名した日本語が多くあります。例えば、ミズリー州がありますが、これは水売りから来ています。ほんの一例に過ぎませんが、ほとんどの地名を日本語で説明できるのです。ここでは、これ以上の詳細を省きます。

720万年の間には、いろんなことがあったと思われます。

ところで、天皇家の16菊花紋は、何を表しているのでしょうか。

これは、日本の天皇が、世界を16方位に分けて、皇子を派遣していたところから来ているとされます。皇子の名前が、世界の地名で残っているのです。

また、16菊花紋章は、世界各地に残されています。アルハンブラ宮殿やエジプトのファラオの棺にも刻まれているのです。ツタンカーメンの棺にも紋章が刻まれていました。

今は亡き高坂和導さんは、「竹内文書」を研究し、世界中を歩いてその証跡を集められました。例えば、メソポタミヤ文明を開いたのは、最初に天皇が派遣した16人の皇子の一人である「ヨイロバアダムイブヒ赤人女祖氏《あかひとめそたい》」だとのことです。旧約聖書に描かれているアダムとイヴも、ここにルーツがあることは明らかです。16人の皇子が派遣されていたわけですから、世界各地にこの皇子の名前が残されているのです。

インド方面へ派遣された皇子の名前は「インダウ天竺満山黒人民王」「インドチュウラニア黒人民尊」であり、タイ方面は「アジアシャムバンコクムス白人祖民王」、エジプト方面は「アフリエジプト赤人民王」、南アフリカ方面は「ヨハネスブルク青人民王」といった具合です。

五色人と言いますが、白人を除いて、日本人が源流となって、世界各地の風土と一体になって、いろんな皮膚の色に変化していったと考えられます。

ただ、白人については、日本人がルーツではないようです。彼らは、ずっと後になって、他の惑星の生体ロボットが、訳あって、地球に降ろされた人種になります。


そのことについて、少しだけ説明しておきましょう。

彼らは、文明の進んだ惑星で生体ロボットとして仕えていたのですが、ある時から心を持ち始めたと言われます。心を持った以上、ロボットとして扱うわけにはいかず、さりとて、自分達と同等の社会の一員として受け入れるわけにもいかず、地球人類を育てておられた伊邪那岐・伊邪那美夫婦神に相談し、許されて地球へ移住させて貰ったのだそうです。

幾つかの惑星から、時期を分けて移住したようです。

彼らは、もともと機械から出発していますから、理知的で合理的ですが、地球で誕生した人類のような豊かな情緒や感情は持ち合わせなかったようです。


また、古代人は、文字とかコトバも持っていたようです。西へ向かった人々はヘブライ語に、東へ向かった人々はインディアン語にと、日本語共通の要素が、今でも残っているのです。

日本最古の文字は漢字だとされていますが、最古の文字はアヒルクサ文字、アヒル文字、イズモ文字、アワ文字、タネコ文字など、色々ありました。

南米ペルーの地下洞窟では、金の文字盤が発見され、その文字が日本人によって解読されました。先にお伝えしたように、なんと、日本語で書かれていたのです。これらのことから、古くから日本人は文字とコトバを持っていたことがわかります。

さらに、超古代には、天皇が皇子を派遣する時、あるいは天皇が巡幸する時、「ヴィマナ」と呼ばれる宇宙船で移行していたことまでわかっているのです。

天皇とは、人類の代表であり、支配するのではなく、人類を統御する役割を担っていたのです。

ところで、天皇と王の違いをご存知でしょうか。

王は、権力を使って支配する存在ですが、天皇は、人徳により尊敬されて選ばれた存在です。伊邪那岐の世襲であり、継ぐのは長男と決められていたのです。1500代まで平穏に過ぎていったと考えられます。

今から4200年前、最後のイザナギ尊は、初代伊邪那岐尊を伊勢神宮にお祀りするために祭司となり、名前を「アマテル・カミノ尊」に改めました。この方が、今天皇家の祖先の神である「天照大御神」として伊勢神宮内宮に祀られていますが、神武勢力により、女神に変えられています。

## ✺アマテル天皇から6代目に、天皇の座を強奪した神武天皇

アマテル天皇から6代目のニギハヤヒ天皇の時代、九州から渡来人秦氏などの勢力を借りて、熊野経由で攻め上ったのが、カミヤマト・イワレヒコノ尊です。熊野に祀られていた世襲最後のイザナギの墓を暴くなどと脅して、ニギハヤヒから天皇の座を奪ったのです。彼は、初代アマテル天皇の次男の系列でした。

こうして神武天皇となった彼は、自分が「初代天皇」だと偽ったのです。

そうして、それまでの天皇の歴史を改ざんしたり、記録を抹消したり、後には、丹生家の人々を弾圧して殺すなどの暴挙に出たのです。

ちなみに、秦氏とは、「失われた10氏族」と言われるユダヤ人が、海路と陸路に分かれて日本に辿り着いた人々です。

神武天皇は、古代文字で書かれた「秀真伝」などを焼却させ、「竹内文書」を偽書としました。

40代天武天皇の時代に編纂された古事記が、最古の文献として残っていますが、これには漢字が使われており、そのせいで、漢字が日本の最古の文字とされています。古事記の内容も、神武勢力に都合のいいように編纂されており、史実とはかけ離れています。これを史実に基づいているとする人々は、全て神武勢力に操られているのです。

日本人の起源は720万年前にさかのぼりますが、神武勢力は、神武の祖父に当る「ニギギの尊」を高千穂に天下った天皇家の起源としています。今から3600年ほど昔のことになります。神武天皇の誕生は、今から2700年ほど前になりますが、この時から日本では権力が導入されたことになるのです。

天皇は、入れ替わりながら120代以上続いて今日に至っていますが、これらの天皇は、長男系列でないとは言え、初代・伊邪那岐の血を引いていることは確かなのです。

天皇とは、720万年前に、その基礎が神の世界から示されていたものです。つまり、近年になってできた英国王室、ヨーロッパ王室に利用されるようなレベルのものではなかったのです。

しかし、明治になって、後述するように、地球歴史を担ってきた天皇の血筋、命脈が絶たれ、完全に白人ユダヤの計画に従い、利用されてきたのが実情です。

地球世界がここまで支配され奴隷化された背景には、日本の天皇の命脈が絶たれたことが起因すると考えられます。

地球人の源流は日本人であり、その中心である天皇が、いつのまにか偽者になっていたのです。今や、日本人にそれを回復する力はなく、ここに来て、創造主のご意志により、銀河連合の力を借りることになったのです。ギャラクシーアライアンスの指示で、アースアライアンスも結成され、トランプ氏が選ばれて、今まさにネガティブな地球勢力の一掃が始まったのです。

それは、順調に進展し、2023年中には、ほぼ完了する見通しです。

とはいえ、完全に終わるには、あと数年かかると言われています。

そのようななかで、日本の天皇家がこのまま存続することは不可能な状況です。

地球が五次元世界に進化していく時、日本人の役割がこれから見直され、自覚されていくのではないでしょうか。

## ✺明治維新は、英国王室、白人ユダヤの「仕掛け」

さて、260年間続いた江戸幕府による平和は、長崎に乗り込んだグラバーの日本人懐柔から崩されていきました。グラバーの背後には、英国ロスチャイルドがおり、その背後にはイギリス王室が居座っていたのです。

これによって、720万年間も続いた日本の天皇による統治は、明治維新と共に崩れ去ったのです。古代日本人のDNAを持つ天皇は消されて、在日朝鮮人・李家の血を引く天皇に置き換えられたのが、明治4年11月21日のことです。この日に、若き睦仁天皇は、処刑されたのです。

このような真相は、深いベールの中に覆われたまま、時が流れました。多少の疑問でも示せば、直ちに「不敬罪」という罪で処刑されたため、アンタッチャブルな深い闇の中に閉ざされて、今日まで過ぎてきたのです。

それが、エリザベス女王が公式に死去したことにより、機密の写真が英国王室のオークションに出されたのです。

それが、王室が盗み撮りさせた「睦仁天皇処刑の場」の写真でした。この写真がなければ、このような事実を誰も知ることはありませんでした。

幕末に孝明天皇がお隠れになって、その後を明治天皇が継いだことになっていますが、この明治天皇のお名前は、孝明天皇のお子であった睦仁となっています。

しかし、この睦仁天皇は、４年後からは替え玉であり、中身は長州の田布施に住んでいた、伊藤博文の部下である力士隊の大室寅之祐だったのです。

彼の母親は「大室はな」さんでしたが、はなさんは再婚で、寅之祐は連れ子だったのです。彼の父親が朝鮮人で、李家の血を引いていたということになります。

伊藤博文は、この偽天皇を徹底的に教育し、カムフラージュして天皇に奉り上げていったのです。写真は一切撮らせない方針を貫きました。

それでいて、全国の家庭に明治天皇の写真を配付しましたが、これも天皇の絵を写真にしたものだったのです。

明治維新から150年間余り、日本人は見事に騙されてきたのです。しかも、明治維新の立役者はほとんどが在日朝鮮人だったということです。

こんなことは、今でも信じられない人が多いことでしょう。

徳川幕府の日本人と、在日の朝鮮人の戦いが、鳥羽伏見の戦いから始まったと言えるのです。孝明天皇を守護していたのは、会津藩松平容保であり、新撰組でしたが、彼らはいつしか賊軍にされてしまったのです。

勤皇、佐幕という分け方で、薩長軍は、錦の御旗を立て、いかにも勤皇の志士を演出しましたが、実際は正式な天皇を暗殺して、偽天皇を擁立し、勤皇派を名乗ったのでした。錦の御旗に、国民はすっかり騙されて、新政府を応援したのです。

天皇まで入れ替えて、英国の支配下に置くという壮大な計画があったのですが、日本人の誰もが気づかず、知りませんでした。

こうして、明治、大正、昭和の時代が続き、この間、絶え間なく戦争を繰り返してきたのです。

ちなみに、次ページに古代からの天皇の流れについて図解したものを示しておきます。何かの参考になればと思います。

## 古代からの「日本の天皇の流れ」

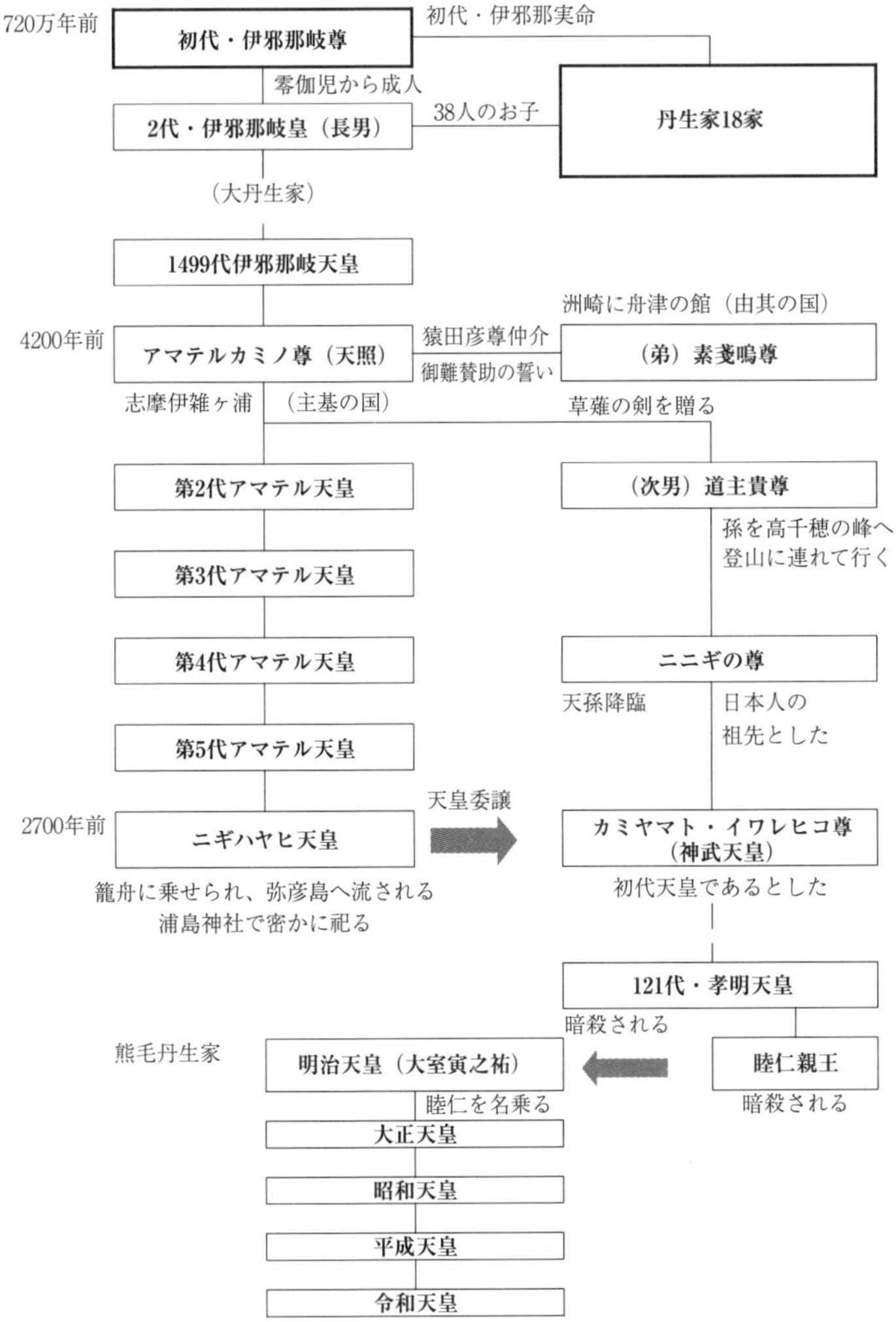

第4章

# 神の目から見た「昭和天皇」

読者の皆さんは、昭和天皇をご存知でしょう。戦前、戦中は、現人神《あらひとがみ》と言われた存在でした。天皇のために、どれだけの人々が命を捧げて逝ったことでしょうか。

当時の軍人は、「天皇」という言葉を口にするだけで、気を付けの姿勢をして、敬礼までしたのです。崇め祀られた存在でした。

ところが、地球がアセンションに向かい始めた頃、天皇の実像が明らかになってきたのです。もちろん、天皇が神であろうはずもなく、ましてや、日本人でもなかったと言われ始めました

大正から昭和天皇になって間もなく、世界は大恐慌に見舞われます。1929年、昭和4年のことになります。

この時、天皇は英国に赴き、エリザベスやロスチャイルドの歓待を受け、ガーター勲章を授与されます。そして、英国陸軍元帥の資格を得るのです。この時点で、昭和天皇は英国ロイヤルの一員になっていたのです。

やがて、世界大恐慌を解決するために、世界各国が第二次世界戦争を引き起こす計画を持ち、この時、日本は負け組になることを約束させられたのです。見返りとして、１千兆円を基金に、毎月１割、百兆円の利子が天皇に入ることになりました。

## ✺世界戦争の「カラクリ」

第二次世界大戦では世界で８千万人が亡くなりましたが、この戦争は、始まる前からイギリスを始め世界の連合国が勝利するように仕組まれていました。

ドイツのヒットラーは、ナチス総統としてユダヤ人迫害に動きましたが、後にアメリカ大統領となったブッシュ家もナチ要員で、戦後アメリカへ移住した一族です。ロスチャイルドなどの金融家は、ロンドンに住みながら、敵国ナチスに資金を供給していました。

読者の皆さん、おわかりでしょうか。

戦争というものは、不幸な偶然から起きるものではなく、偶然に見せかけながら、計画して起こされるものなのです。何も知らない各国の国民は、一部の邪悪な金融家に利用されて、憎しみを植え付けられ、戦争に駆り出されて、貴重な命を失ってきたのです。

戦争の本質を、今こそ理解しなければなりません。

日米戦争でも同じです。「鬼畜米英」と宣伝されましたが、アメリカ人や英国人に恨みや憎しみを持つ国民がいたわけではありません。それでも、戦場では相手を銃で殺し合ったのです。

戦争が終わって進駐軍が日本にやってきましたが、陽気なアメリカ人は、日本の子供たちにチューインガムやチョコレートを与えて喜ばせました。彼らが日本人を憎んでいたわけでもなく、日本人が彼らを敵視していたわけでもありません。両国民とも、権力を背景とした政治家や戦争で金儲けを企む連中に利用されただけなのです。

21世紀になって、ようやく、このような真実がわかってきたのです。

## ✺ 昭和天皇の正体と第二次世界大戦

前述したように、1929年は世界大恐慌の年ですが、この年、英国に主だった世界のリーダーが集まり、不況脱出には戦争を起こす以外にないと話し合いました。エリザベス王家の下に、チャーチル、ルーズベルト、ヒットラー、若き昭和天皇が集まったようです。

この時、昭和天皇はエリザベスからガーター勲章を授与されましたが、これには、天皇がエリザベスの配下になるという意味が込められています。

第二次太平洋戦争が、どういう経緯で開戦に至ったのか、未だに不明の部分があります。真珠湾攻撃は、陸軍には知らされず、海軍だけで実行したとされます。山本五十六は、日米開戦に大反対していたにも拘らず、なぜ真珠湾攻撃を引き受けたのか。昭和天皇の内密の要請があったからだとされます。

しかも、あの攻撃時に、真珠湾に隣接していた石油貯蔵基地を攻撃しなかったのはなぜか。それは、天皇の許可が降りなかったからとされます。もし基地を叩いていれば、戦況も大きく変わるはずだったのです。

最近、内部文書が開示されて明るみになったことは、日米英開戦時、昭和天皇は英国陸軍元首も兼ねていたということです。

これは、大正天皇から続いていたようです。日本と英国の同一元首が、二つの国を戦わせていたということになり、簡単には信じられないお話ですが、事実です。しかも、昭和天皇は、ドイツのヒットラーと同じく、アメリカＣＩＡのエージェントでもありました。これほどの国民に対する裏切はありません。

アメリカのルーズベルトも、事前に日本海軍攻撃を知っていました。主な航空母艦は全て湾外に移動させ、古い駆逐艦や軍艦を停泊させ、国民や米軍には故意に知らせず、犠牲者を出した上で、日本の「不意打ち」を宣伝に使ったのです。

これによって、ヨーロッパ戦線には全く戦意のなかったアメリカ国民を怒らせ、奮い立たせて勢いづかせ、日米開戦からヨーロッパ戦線へと導くことに成功したのです。ルーズベルトの思惑通りに、日本軍は利用されたのです。

華々しく宣伝されたハワイ真珠湾の大戦果でしたが、実質は違っていました。その約半年後、ミッドウエー海戦で大敗北を喫し、2年後のレイテ沖海戦などで日本海軍は壊滅していきました。

ちなみに、ブーゲンビル島で戦死したことになっている山本五十六は、死んではいません。フィリピンへ移動し、山下奉文陸軍大将と共に、フィリピンに隠し持った大量の天皇の金塊を密かに大陸へ持ち出したのです。

彼は、昭和天皇に不信感を抱き、二度と祖国へ戻らず、スイスで94歳まで生きたとされます。

## ✵ドイツのヒットラーの最後

昭和天皇は、大東亜戦争で310万人の日本人を死なせたのですから、どう考えても許されない行為になります。

かたやドイツでは、第一次世界大戦で莫大な負債を抱えたドイツ国民に、大いなる希望を与えて躍進したナチスドイツ総統、ヒットラーが、破竹の勢いで周辺国を陥落させていきましたが、ソ連を敵に回した時点で、勢いを逸していきました。

彼は、ユダヤ人を徹底的に弾圧、迫害しましたが、彼に資金を供給していたのは白人ユダヤですから、白人偽ユダヤが、真実のユダヤ人を迫害したとも言えるのです。

こうして、戦後、白人ユダヤであるロスチャイルド一族の画策でイスラエルが建国されました。一説には、この国をつくるためにユダヤ人を迫害して、この国へ追い込んだという背景があるともいわれています。

その主役は、アドルフ・ヒットラーですが、彼は、ノルウエーの助けを借りて密かにUボートで脱出し、アルゼンチンで天寿を全うしたと言われています。

このヒットラーが、死後、天国へ召されたというお話は、筆者も最近出版した本に書きました。かつてのイエス・キリスト、今は銀河連合のリーダーをされているサナンダ・クマラ様からのお知らせでした。

人間の常識では、あれだけの戦争を仕掛け、あれだけのユダヤ人を殺した罪は大きいと考えるのが普通ですが、彼は、悪役を担って、最後にはハイヤーセルフに繋がり、神のお許しを得たとのことです。

最も悪いのは、敵味方に分けて、勝ち負けまで決めて、世界戦争を計画したロスチャイルドやロックフェラーなどの金融ユダヤ人ではないでしょうか。彼らは、金儲けのために人間の命を犠牲にしたのです。

なぜこのようなお話をするかと言えば、これと同じような話が日本にもあるからなのです。

昭和天皇が、どんな気持ちで戦争に臨んだかはわかりませんが、英国の指示に従わざるを得なかったという側面が考えられます。優柔不断の性格が災いして、きっぱりと断って、エリザベスに対して悪者を演じることができず、英国の要求をノーとは言えず、納得してしまったとも考えられます。

## ✳昭和天皇の懺悔と「憲法９条」

戦争が終わって、無条件降伏する段階で、天皇は深く懺悔されたとのことです。

その時、創造主から啓示が降り、「これからは、いかなることがあろうとも、国際紛争の解決の手段に武力を使うことを、国民の総意として一切断念する」ことを誓われました。

そして、憲法９条の設置を、昭和天皇自ら内閣総理大臣に指示されたのです。決して、マッカーサーに指示されたものではありません。

官報：号外　昭和21年３月６日の記録によれば、

「昨５日内閣総理大臣を宮中に召され、左の勅語を下賜《かし》せられたり」

「日本国民が正義の自覚によりて、進んで戦争を放棄して、国民の総意を基調とし、憲法に根本的の改正を加え、政府当局其れ克く朕の意を體し、必ず此の目的を達成せんことを期せよ」

とあります。これが憲法９条に繋がったのです。

戦争に関する昭和天皇の行為が国民を裏切るものであったとの指摘がなされるこの頃ですが、ヒットラーと同じく、この「不戦の誓い」を憲法に盛り込んだ功績により、天皇は全てを許され、天国へ召されたと考えられるのです。

## ✺「大喪の礼」当日に起きた奇跡

昭和天皇は、1989年1月7日に亡くなりました。同年2月24日、新宿御苑に世界197か国の代表を集めて、大葬の礼が執り行われました。

これは全国テレビに中継され、60歳になった愛知県大府市在住の故・加古藤市氏もテレビの映像を通して天皇をお見送りされていました。

この時、なぜか途中で画像が静止し、そこに絵が映ったまま固定してしまったのです。不思議に思った加古氏は、NHKに電話を入れ、「どうして画像が停まって、絵が映し出されたのですか?」と尋ねるも、「そのようなことはしておりません」と答えるばかりでした。その時、どこからともなく神の声が聞こえてきたのです。

「この画像を絵にして、広く普及しなさい」

驚いた加古氏は、咄嗟に叫びました。

「神様、私には、とても絵にする才能はありません」

しかし、神からの返答はありませんでした。

この時、加古氏は思い出したのです。１週間ほど前に、岐阜県のある寺院で催された円空展でお会いして、名刺交換した広島市在住の画伯・熊田良雄氏のことを――。

「そうだ、彼にお願いしてみよう」と思い立ちます。

さっそくその夜、広島の熊田画伯に電話されたのです。

しかし、電話で説明するも、返答はきっぱり、さっぱりしたものでした。

「加古さん、私が見たこともない画像を絵にすることなど不可能です。お断りします」

取りつく島もない中で、加古氏は、熊田氏のその時の様子を見えるままに語り出しました。

「熊田先生は今、○○の本を読んでおられますね。お茶を飲んでおられたのですね」

「どうして、そんなことがわかるのですか？」

これには、何か深い訳があると察知した熊田画伯は、「とにかく、一度お会いしましょう」ということになり、加古氏が愛知県から広島へ向かうことになりました。

結局、熊田画伯の家に3泊も滞在することになり、画像を思い出しては語り、不明な部分がある度に仮眠を取ってその部分を思い出すということを繰り返したそうです。

このような苦労の後、１枚の絵ができ上がりました。それは、不戦の誓いを表す「神聖画」と名付けられました。

F50号で描かれた絵を、縮小してカラー印刷し、それを広く配布するために、加古氏はお付きの仲間たちと共に活動を始められました。費用を捻出するために、生命保険も解約されました。

名古屋などで集会を持ち、絵のできた経緯を説明されながら、この絵を一人でも多くに普及できるように、行動開始されたのでした。

ちょうどその頃、筆者は加古氏に出会い、絵を購入。後日、不思議な導きにより、加古氏宅へ何度もお邪魔して、薫陶を受けることになったのです。

次ページの絵は、中央部にテントを張った葬儀会場が描かれ、世界の要人が列をなして参拝しているところを描いています。それを見守る、今まで地上に登場した聖人たちが描かれています。モーゼ、仏陀、イエス・キリスト、空海、親鸞、日蓮、孔子、その他多くの方々です。

その上部には宇宙の神々9神が描かれ、その上に9帖の旗がはためいています。

9帖は、9条に通じるのでしょう。最下部左には、武器を放棄した自衛隊と、それを支持する国民が描かれ、右側には、戦争状態の日本の戦車や多くの兵隊の屍が描かれています。

不戦を誓う「神聖画」

加古氏は、この絵を持参して、「不戦の誓い」の神の意志を多くの人々に知って欲しいと、掲示を求めて、日本各地の寺院、神社を訪ねられました。神からの啓示を、神を祀る神社に掲示してもらうわけですから、どの寺院、神社でも快く応じてもらえるものと考えていましたが、事実は大きく異なっていたのです。

「そのような絵は受け取れません」という神社が、あちこちに現れたのです。加古氏は驚きました。最初は、その理由が理解できませんでした。

日本の神社は、その多くが神社本庁に所属しており、神社本庁は、日本会議のメンバーでもあります。日本会議は、日本財団の下部組織です。

日本財団は、旧統一教会などを支援する笹川良一が立ち上げた組織で、日本船舶振興会などの資金などから成り立っています。日本会議には、神社庁だけでなく新興宗教の教祖ほぼ全てが会員になっており、国会議員も多数所属しています。

この組織の目的は、「憲法改定」にあったのです。従って、憲法9条を守り、不戦の誓いを絵にした「神聖画」を受け取るはずもなかったのです。

日本会議のメンバーは、当時の安倍総理から国会議員、石原都知事まで、自民党関係者は、ほぼ全員が所属しています。新興宗教の教祖も同じく会員になっています。日本を支配する人々が、憲法に定める「平和主義」ではなく、9条を廃止して、戦争できる状態に戻したいと考えているのです。

当時の昭和天皇の意志でもなく、ましてや、創造主のご意志でもない状態が、勢力を持続していたのです。

昭和天皇の大喪の礼の当日に、加古氏を使って画像を見せ、それを「絵にして、広く伝えよ」と命じられたのは、天皇に憲法9条を指示された神、創造主に他なりませんでした。

## ✺天国への道

昭和天皇は、負け戦を約束させられ、英国ロイヤルの一員となり、アメリカCIAのエージェントでもありました。

完全に日本国民を裏切ったことになります。

同じく3国同盟を結んで戦ったヒットラーも、アメリカCIAのエージェントでした。

しかし、ヒットラーが死後、天国へ召されたように、昭和天皇も罪を許されて、天国へ召されたようです。

この第二次世界戦争の責任者であるお二人の役割は、とてもよく似ています。

戦争犯罪人と言えるほどの悪事を行ったと考えられますが、創造主は、お二人とも許されたのです。

これから私達は、三次元地球を後にして、五次元天国を目指すことになりますが、どうすれば天国へ進めるのかを考える時、このお二人の戦争責任者の結果は、大いに参考になるのではないでしょうか。

どれだけの悪行を行ったとしても、最後に懺悔して、ハイヤーセルフに詫びる時、創造主は許されるのです。

「懺悔するほどの悪事を犯していない」と開き直るような心では、救われることはありません。アメリカのパパブッシュは、湾岸戦争でイラク国民を地獄に陥れ、息子ブッシュに、世界貿易センタービルの破壊を指示し、ＮＥＳＡＲＡの発動を止めました。２０２３年になって、いよいよアメリカからＮＥＳＡＲＡが始まろうとしていますが、実際は２００１年9月12日から開始予定だったのです。

アメリカ国民にとって、この失われた時間が、どれだけ貴重なものであったかを知らなければなりません。予定通り、ＮＥＳＡＲＡが実施されていれば、それは世界各国にも波及し、国民は豊かさと歓びを味わっていたはずなのです。

パパブッシュは、死後、魂が捕獲され、セントラルサンに送られ、そこで創造主の裁判を受けました。創造主の問いかけに対して、彼は「私は、決して間違ったことをしておりません」と答えました。そこで、魂の死刑が決まったのです。彼の魂は、エレクトリック・ファイアで焼かれて、宇宙から消滅したのです。

どこまでも、最後まで、自分を見つめて、自分の本心に向き合えないような人間では、天国の門は開かないのです。

肉体の欲望に負け、意識体の心が犯した過ちの責任を取るのは、最後は自分の魂です。魂こそが、自分の主人公なのです。

魂の進化のために、意識体と肉体を預かって、私たちは三次元世界へ出てきたのです。今まで人類は「体主霊従」で生きてきましたが、いよいよ「霊主体従」の生き方に切り替えていく時が来たのです。

第5章

# 今は「真実」を知る時

今は、政府までが嘘を並べて国民を欺く時代です。公共放送のＮＨＫでさえ、平気で大本営発表を続けています。

テレビや新聞の報道が嘘ばかりだとしたら、いったい真実の情報をどのようにして得たらいいのでしょうか。

「知らないのは罪である」というのが、宇宙の真理です。ワクチンが人口削減の目的でつくられ、中に猛毒が仕込まれているという情報を知らないばかりに、素直に政府や医者やマスコミを信じて、ワクチン接種に応じた人々は、結局、それによって人生を終えることになります。知らないことは、自分の命を奪うことにもつながるのです。

「本当のことを知る」――このことにもっと本気にならなければなりません。

では、本当のことを、どうやって知ればいいのでしょうか。

それには、「本当のことを知りたい」と思うことから始まります。何も求めなければ、テレビや新聞のニュースだけで終わりです。本当のことを知っている人がいるということは、その方法があることを示しています。方法がないのであれば、誰も知らないはずだからです。

では、本当のことを知ったら、どうするのでしょうか。

頭にインプットするだけなら、単に知識を得ただけになります。頭に入った情報を、心で判断します。心が納得すれば、それを肉体に伝えます。肉体を動かすのです。

こうして、真実を知った結果が、行動に現れるのです。何も行動しないのであれば、何も知らなかったことと同じなのです。知った秘密を、他人に伝えるのも、立派な行動になります。

行動に移す動機、決断する状況は各自異なります。自分の利害に関係する時は、大半の人々は行動するでしょう。しかし、何の利害関係もない場合はどうでしょうか。社会全体に悪影響を及ぼす可能性があっても、自分に無関係だと思えば、何も行動しない。そんな人々が多くなりました。

プロ野球の応援チームの勝敗には、異常な関心を示す人々がいます。

Jリーグのサッカーでも同じです。それが自分の人生とどう関わりがあるというのでしょうか。自分に関係がないように見えても、国民の誰かに災いが及ぶことであれば、誰もが関心を示すべきなのです。そのように宇宙はできているからです。ワンネス・宇宙なのです。必ず、遅かれ早かれ、自分に関係してきます。それを知らなければなりません。

21世紀の今は、多くの国民が目覚める時です。目覚める一歩は、世の中の真実を知ることです。今現在、何が行われているかを知ることです。テレビ、新聞、ラジオ以外の情報でなければなりません。

次に知るべきは、日本の歴史です。学校で教わった歴史と真実の歴史は、大きく異なっています。少しでも、真実の歴史を知らなければなりません。歴史を知れば、今の状況も理解できるようになるからです。

## ✺最も知るべきは、「宇宙の真実」

では、最初に知るべき最も重要な真実とは、いったい何でしょうか。

それは、宇宙の真実です。宇宙はどのように創られているのか。誰が創造したのか。偶然であるはずはありません。

宇宙に意志はあるのか。法則はあるのか。宇宙と人間の関係はどうなっているのか。自分との関わりあいは何なのか。自分はどこから来て、どこへ行くのか。自分は何をするために今生きているのか。生かされているのか。

こうしたことの真実を知ることが、死ぬまでにやらなければならないことなのです。賢明な読者の皆さんは、すでに答えをご存知でしょう。

しかし、何もわかっていない人々は多いのです。ただ生きている。

もちろん、生きるのも並大抵ではありません。真面目に正直に生きれば陽が当る人生を得られるというような単純なものではありません。騙され、騙し、苦しめ、苦しめられ、相手を呪い、悲観して絶望し、自殺を思い止まって、今生きている人もいます。

この世に生まれて来る前、誰もが天国と言われる五次元世界にいたのです。かつては、悠々と天国にいた自分を想像できるでしょうか。

その時、じつは神と対話していたのです。誰もが神と約束して、ある目的のために生まれて来たのです。その中身は、魂に刻まれていると言われていますが、何しろ、自分に魂があるのかないのか、それさえはっきりしません。目に見えない世界があることさえわからなくなっています。

神々の存在、進化した異星人、宇宙人の存在がわかるでしょうか。

地球には、外部の惑星からいろんな種族の異星人が地球にやってきました。なかには、地底深くに棲みついて人類を支配妨害し、搾取してきた者達もいます。

そんなことを聞いて、すぐ理解できるでしょうか。

多くの人は、否定します。否定して済むことなら簡単ですが、現実に人類に被害が及べば、知らないでは済まされないのです。

地球がアセンションを決断しました。当然、地上の人類も行動を共にすることになります。地球がアセンションを決意するまでは、他の異星人が人類を応援することはありませんでした。各惑星の問題は、惑星ごとに解決するのが「宇宙の掟」だからです。しかし、アセンションを決断した惑星の住民を助けなければならないと、「銀河法典」には定められています。

そのため、1999年から銀河連合が人類とコンタクトを取り、アライアンスを組んで、人類救出に乗り出してくれたのです。

そして、その成果が最終段階に入ってきたのです。

2022年、2023年、2024年は、要の年と言われています。すでに2022年は過ぎ去りました。2023年も残り少なくなりました。そして、聖なる9の年、すなわち2025年、全てが成就する年を迎えるのです。

「全てが成就する」の中には、地球を陰から支配してきたネガティブな地球外生命体がいなくなること、彼らの手下として悪を働いてきた世界の金持ちやエリート、イルミナティなどの秘密結社の人々がこの地球からいなくなることが含まれています。

## ✺アセンションを目指す人々

人より早く真実を求め、それを知った人々は、これから地球と共にアセンションを目指します。お互いの波動を高め、宇宙の真理を理解し、ワンネスの宇宙を体験していきます。五次元世界を創造するという広大な夢を実現していくのです。仏教的には、仏国土、西洋的にはユートピアの建設です。今までの地球にはない文明を築いていきます。

お金の要らない世界、病気のない世界、権力や支配のない世界、誰一人自己主張せず、自己卑下もしない世界、お互いの気持ちを理解し合い、干渉せず、見守りあう世界になります。

進化した惑星の異星人が地上に降り立つ日も近いでしょう。彼らから学ぶことも多いでしょう。やがて宇宙船に案内され、他の惑星を訪れ、新しい、信じられない文明や生活を見ることになるでしょう。未知の世界の探求ほど感動歓喜するものはありません。三次元での生活が、嘘のように感じられることでしょう。

誰も指示したり命令する人はいません。義務もなければ、責任を問われることもありません。それぞれの自主性に委ねられているのです。

自分という軸のない人は、生きられないかもしれません。他人に依存し、真似をして生きることはできません。完全な自由が与えられるからです。自由になった無限の時間を、どのように有意義に生きるのでしょうか。経験してみなければわかりません。

肉体労働はなくなります。重労働は、ロボットが行います。人が暮らしやすくなるように創意することが楽しくなるでしょう。家畜はいなくなります。自然菜園が中心的になるでしょう。

果樹を食する機会も増えるでしょう。生きるために食べる必要はなくなっていくでしょう。食べることに興味を示さなくなっていくとも考えられます。

最も興味を抱かせるものは何でしょうか。宇宙の神秘の探求かもしれません。

スポーツで勝負する興味も持たなくなるでしょう。他と自分を比較して、優越感を感じる人もいなくなります。何かを所有して喜ぶことも減っていくでしょう。

住宅も、所有ではなく、貸与されるようになっていくでしょう。子供の育児、教育も、各家庭で行うのではなく、専門のスタッフに任されるようになります。

　地震や台風や火山の噴火、津波などの災害もなくなっていくでしょう。火災もありません。交通事故もありません。道路を走る車もなくなり、空中を飛ぶようになるでしょう。電気は、空中からエネルギーを取り出して発電しますから、送電線はなくなります。街並みもすっきりするでしょう。鉄塔もなくなり、電磁波の影響も消えます。


　レプリケーターという機器も使われ始めるでしょう。

　最終的には、原料や材料を空中から取り出して、イメージした製品を手にすることが可能になります。それはまさに、天国の状況です。以上が五次元世界のイメージになります。

　五次元世界へ移行したいというのは、長い間の人類の夢でした。肉体を持ったまま移行できるのは、初めてのことなのです。今までは、肉体を終えて、霊体に着替えて天国へ赴いていたからです。

　誰でも簡単に行けるのであれば、有り難いと思うかもしれません。が、簡単に行けるようでは、逆に有難味もありません。色々努力し、苦労し、ようやく辿り着ける世界になります。

　一番の難関は、波動を五次元レベルまで上げなければならないことです。四・九次元までレベルを上げても、まだ難しいと言われるのです。五次元世界では、五次元レベル以上の波動が必要なのです。

## ✺ 波動を上げる方法

では、どうしたら波動を高められるのでしょうか。それを知ったら、鬼に金棒になります。筆者の思いつくままを記してみます。

波動を上げるには、魂に内在する創造主の光を感じ、その創造主の想いに近づくことがすべてだと言えます。それ以上のものはありません。

創造主の想いを知るには、まず「宇宙の真理」を理解しなければなりません。宇宙は、創造主が創造されたものだからです。どのような想いで創造されたのか。それを知ることです。

創造主の想いは、平和であり、愛であり、調和であり、絶え間ない進化です。

これらの要素の中で、何が最も困難でしょうか。

平和も調和も、三次元社会で最も実現できないものでした。相手を意識すれば、「どうしても相手に負けたくない」という自己本位の意識が働くからです。相手より自分が「上位にいたい」と考えるところから闘争や戦争が起きます。そして、「ほどほど、足るを知る」という心境をなくすると、自分だけが独占したいという欲望が働くのです。

使い切れないお金を独占しても、まだもっと求めるという貪欲さを、人間は持っているのです。すでに私達は、そのことを経験しました。これでは、社会の調和は成り立ちません。

## ✺与える愛と「ワンネス」の境地

無所得の愛、見返りを求めない愛、利他愛、これらは宇宙に浸透している愛のかたちです。太陽の熱・光は、それを表現しています。

この愛を人類も追求しなければなりませんが、どうしても肉体に囚われて、自分の肉体が喜ぶようなかたちで愛を求めてしまいがちです。すなわち、自己本位な愛を求めるのです。万遍なく愛することは、難しいものです。利害関係のある相手を愛したり、憎んだりします。

このような段階の愛では、五次元レベルにはほど遠いのです。

また、与える愛であっても、自意識が過剰であれば、本来の愛ではなくなります。

結局、自分が誰であるかを意識しない状態をつくることではないでしょうか。自分を特別に意識しないようにしていくのです。自分は、みんなと同じだと考えるのです。目立とうとせず、卑下せず、普通にありのままの自分を受け入れるのです。他と比較しないのです。そうすれば、他を裁かなくなります。

これを、宇宙では「ワンネス」と教えています。自他の区別のない状態がワンネスです。みんなひとつという発想です。自他一体の境地になれれば、波動は高まります。

まず、自分を優先する、自分のことを真っ先に考える。こうした習慣を改めていきます。自分を考える前に全体を考える。

このように目標を定めて、訓練していくことになります。これができるようになれば、波動は確実に五次元に近づいていきます。

愛は求めるより与えるものと考えるべきですが、愛を与えられなかった人ほど愛に飢え、愛を求めます。調和のとれた愛がベストであって、愛を無制限に与えればいいというものでもありません。厳しい愛もあります。

いつも甘やかすのが愛ではありません。愛は、相手を進化に導くものでなければなりません。

愛を与えて相手を堕落させることもあります。それは本来の愛ではありません。ドロドロした愛よりも崇高な愛が求められます。冷静な愛が求められます。

三次元世界では、自分という存在を意識し過ぎて生きてきました。自分を意識する人は、自分と他人を比較します。他人を心の中で裁いているのです。結果的に、優越感を持ったり、嫉妬したりするのです。そして、相手を批評して、悪口を言うのです。

このような状況から脱出しないと、五次元意識には到達できません。

今まで三次元で生きてきた私達は、その環境に身も心も染まっています。何事も深く考えずに、自分中心的に行動してきたのです。

このままの状態を継続しながら、五次元社会を目指すことはできません。どこかで気づいて、切り替えなければなりません。

自分より全体のことを優先すると言いましたが、全体が相手一人になった時、自分を優先してしまうのではないでしょうか。こんな時は、自分を相手と置き換えて、考える必要があります。

相手に苦情を言いたい時、まずそれを言われる相手に自分を置き換えるのです。そうすれば、相手の気持ちがわかります。相手の気持ちになれるかどうかで決まります。

こんな些細な日常生活から本気になって見直していかないと、五次元レベルに近づくことはできません。みんなで本気になって、考え方、感じ方、ものの言い方、行動を変えていかなければなりません。

与えられた時間が沢山あるわけではありません。短く迫った時間の中で自己を変えていく必要があります。

第6章

# 日本人が築き上げた社会

宇宙を本気になって学んでいくうちに、いろんなことが知らされ、わかってきました。最も難解だったのは、人は何のために、何をするために生まれて来るのかという問題でした。読者の皆さんは、明確にお答えできる方々ばかりだろうと思いますが、この基本的な問題を知らない人々が未だに多いのです。

昔の人は、人は歴史に名を残すために生きるのだと教えました。もちろん、悪名を残すのではなく、社会に貢献して、世の中に評価され、名誉が末代まで残ることが最高の生き方であると考えたからです。

鎌倉時代から戦国時代にかけては、飢饉や戦乱に明け暮れ、生きるのが精一杯の時代もありました。そんな時代に、民衆を救うための宗教も湧き起こり、死んで浄土へ行くのが生きる目的だと教えられた時もあります。

キリスト教では、神を信仰すれば天国に永住できると教えました。天国へ行くのが、この世に生まれて来た目的だと考える人々も数多くいました。この世では叶えられない希望を、死んだ後の世界に求めたのです。あの世を強く意識して生きていた時代だと言えます。

さて、現代ではどうでしょうか。

現代人は、死んだ後の世界を忘れてしまいました。深く考えようとしない人々が増えました。全てを科学的、合理的に考える人々が増え、その考えでいけば、あの世は無いことになってしまいます。なぜなら、存在を証明できないからです。

戦後、多くの新興宗教が生まれましたが、どれもご利益信仰になっています。信じればこの世の現象が好転し、幸運に恵まれ、病気は回復し、金運にも恵まれるという、有り難い教えです。求める世界が、あの世からこの世へ移動したと言えばいいでしょうか。この世の幸せを求めるようになりました。「それを実現できる」と主張する宗教が繁盛する状態になりました。

宗教は、心の世界を満たすものであり、見えざる世界を明らかにする使命を持っていますが、現世の安泰だけを求める宗教は、死者を天国へ送る力もなければ、あの世を明確にする力もありません。

現実主義、リアリストが増え、精神論を語る人々が姿を消していきました。拝金主義の人々が量産され、自己中心的な強欲が幅を利かせる時代になりました。何でもお金に置き換えて価値判断するようになりました。いつしか、お金を持つことやお金を動かす地位に就くことが人生の目的だと思われるようになってしまったのです。

## ✺無気力な人々の群れ

人類は、「弱肉強食」の思想の下に競争を激化させてきましたが、当然、勝者の陰に無数の敗者が生まれます。敗者の生き甲斐をどう求めるのかという問題が現実化し、敗者は社会に反抗して刃を向ける者、負け犬になって自ら命を絶つ者、落ちこぼれて、無気力にただ時間の過ぎゆくままに生きる人々が大量に現れてきました。

このように無気力に生きる人々は、悪人ではなく、どちらかと言えば善良な人々です。根は善良であっても、気力も向上心も喪失しているのです。小羊の群れが、黙々と先頭の後をついていく光景に似ています。

マスコミや評論家の解説を頭から信じ込み、お上である政治家や官僚の言うがままに、それが偽りや作為的な謀略であっても、見破ろうとはしません。不利益を被るのは自分達であるにも拘わらず、それに気づこうともしないのです。こんな国民が増えてきました。全て未来に希望がないにも拘わらず、それを不満とも思わず、諦めて生きているのです。

が自分のせいだと、観念しているようです。

詐欺に遭ったり、友人に騙されたり、取り返しのつかない失敗の果てに家族が散り散りになり、一人で黙々と歯を食いしばりながら生きている人もいます。やがて年老いて体力が弱っていきます。

蓄えもなく、わずかな年金ではまともに生きられないことはわかっています。それでも手の打ちようがないのです。自分がやがてどこかで倒れることを想定しながら、その時までを生きるのです。他人を騙したり蹴落としたりできない善良な人々が、このような運命を辿ることが結構あるのです。

このような人々に、「生きる目的を持て」と言っても、心に届きません。やはり、最低の衣食住の補償があって、未来に不安のない生活が確保されない限り、自分の意志で努力して目標に向かうのは難しいのではないでしょうか。

田舎ではまだ、お互いに声を掛けあったり助け合う風潮が残っていますが、都会ではそのような光景は見当たらなくなりました。誰も隣人には無関心です。関心を持とうとしても、そのような余裕のない人々が大半なのです。まさに、末期的な国家の現象と言えるのではないでしょうか。人々の生々しい生活ぶりと政治が、あまりにもかけ離れているのです。

## ✺日本政府・日本赤十字は、「ネオナチ」

ロシアのプーチン大統領は、じつは光側の人間です。ウクライナは、かつてはソ連領でしたが、今ではネオナチの国であり、アメリカの堕落した白人ユダヤと言われる超富裕者、例えばジョージ・ソロスやロックフェラー、さらには英国ロスチャイルド達がバックアップし、人類支配のための生物兵器を地下工場で製造していたのです。オバマやバイデン達も絡んでいましたが、この事実を掴んだプーチン氏が、２０２２年2月24日に攻め入りました。

地下に閉じ込められていた子供たちを救出したり、アドレノクロム製造工場など33か所に上る生物兵器製造工場を爆破しました。

このロシアに対して、日本の政府は、これを敵視し、ネオナチ・ウクライナを応援して9千億円以上を提供したり、いろんな義援金を募集して支援しているのです。日赤も、ウクライナ支援金の窓口を担当しています。これを見ても、日本政府や赤十字がＤＳ側であることは明確です。

日本のＤＳが、今までどれだけの悪事に手を染めてきたか。知らぬは国民ばかりなのです。阪神淡路地震、東日本大地震、新潟地震、熊本地震など、全て人工地震です。さらに、広島、岡山地方に大水害を及ぼした大豪雨も、全て人工的に計画されたものと聞いても、にわかには信じられないことでしょう。台風でさえ、人工的に起こす技術があるのです。気象庁は、完全に闇側の存在だと言われています。

戦後、日本の政治は自民党が支配してきましたが、彼らは完全にアメリカＣＩＡを中心とするＤＳ勢力に牛耳られてきました。日本の政治家は、野党を含めてほとんどがＤＳと言っても過言でない状況です。

ロシアが攻撃するウクライナ軍は、ほぼ決着がついたと言われています。武器を供給したり、戦力を補給するＮＡＴＯ軍と戦っているのが２０２３年半ばの状況ですが、日本のマスコミは一切報道しません。

追い詰められたＮＡＴＯ軍は、ネオナチの拠点である日本にＮＡＴＯ軍事務所を設置しようとしており、日本政府は、それを受け入れる準備をしていたのです。ＮＡＴＯは北大西洋条約機構と呼びますが、日本が北大西洋に関係するとは、じつに奇怪な話です。

完全にＤＳ配下のマスコミは、一切の真実を報道せず、嘘の報道を堂々と日本人に垂れ流して、洗脳を続けています。公共放送ＮＨＫにも多くの外国人、特に中国や韓国から入社している人物も多く、日本人に対して忠誠心があるはずもありません。ＮＨＫの募集条件には、「国籍を問わず」となっています。最初から計画的に行われているのです。

政府は、２００８年から海外留学生を30万名募集しています。彼らには、年額１８０万円以上が支払われ、返済の義務はありません。日本の学生の奨学資金は、全て返済させられます。

このように、税金を支払っている自国の学生より海外の留学生を優遇するなど、通常では考えられないことを政府は行っているのです。

国会質問に立ったある女性議員が、国民への手当てについて質問していましたが、「手当」を「てとう」と発音しています。日本人でないため、「てあて」と読めないのです。

小泉、安倍内閣で、彼らは何をしたでしょうか。

郵政民営化で、郵貯の金を海外の金融マフィアに手渡し、郵政事業を破壊しました。竹中平蔵は、日本の銀行を統合し、りそな銀行に６８００億円を投入して立て直し、それを海外へ10億円で売り渡したのです。

安倍総理は水道事業改定で、自治体が行っていた水道事業を海外に委託する道を開きました。これで、飲料水にフッ素や農薬を混入させることを可能にしました。

また、種子法を改定して、種の保存を止め、F1種の1代限りの種をアメリカモンサント社から購入しなければならないように仕向けました。しかも、これらは、全て遺伝子操作された種になります。

また、ラウンドアップと言われる強力な除草剤を日本は認可しましたが、これはベトナム戦争で使われた枯葉剤と同じものです。使用を認可した国は、日本のみです。これが、やがて河川へ流れ込み、飲料水として日本人の口に入ることになるのです。ものすごい発がん物質でもあり、奇形児にもつながるものです。除草剤に打ち勝つ種として、やがて日本のコメも遺伝子操作されたものに置き換えられていくのでしょう。

あろうことか、厚労省は、2023年4月から食品の表示法を変え、無添加食品などと表記することを禁止しました。国民が無添加食品を選ぶと、大手食品メーカーの有害食品が売れなくなるからだそうです。

国民の生命や健康など、今の日本政府や官僚にとってはどうでもいいことなのです。それほどDSの悪にやられてしまったのです。この事実を、国民は早く知らなければなりません。発がん性物質が大量に含まれた食品を食べさせられるのです。最近では、食料不足になるとうそぶいて、有毒なコオロギ食を推奨している始末です。

今回のワクチン騒ぎで、政府や官僚が何をしたか。

彼らが2回、3回、さらに6回接種まで推奨していたワクチンの中身は何でしょうか。3年までの命と言われるHIVウイルスが入れてあるのです。これで、徐々に自己免疫力を低下させて、やがてちょっとした病気でも死ぬのです。しかも、死因がワクチンだと気づかないのです。

その他にも、酸化グラフェンが入っています。これは、5Gの電磁波に反応して、血栓を引き起こします。メインには、mRNAと言われるスパイク蛋白が混入されています。これが体内に侵入し、遺伝子DNAを変えていくのです。

どのような結果を及ぼすのか、接種した住民を使って、今実験中なのです。

最近のビールにも、酸化グラフェンが混入されていることをご存知でしょうか。味をおいしくするためではありません。ワクチンと同じ効果を期待しているのです。こんなことを厚労省が音頭を取って許可し、メーカー各社がこぞって人口削減に加担しているのです。「まさか、そこまでは……」と考えている国民が、気づいた時には、自分の命も子供や孫の命も、風前の灯になっているのです。

## ✺宇宙を忘れ、創造主を意識しない生き方

地球を本来の星にしていく、日本を本来の姿にしていく、そのためにはどうしたらいいのでしょうか。

宇宙を創造された方の意図は、あらゆる生命、人類が一体となった、躍動する社会の創造にあります。格差や差別を設けて勝者と敗者を分かち、勝者が敗者を支配する世界を望んでいないのは当然です。許してはいないのです。

その御心を知って、知的動物である人間が創造主の意図を理解し、その代行をやっていく使命があるにも拘らず、宇宙や創造主に意識を向けず、現実の三次元世界のみで生きようとしているのです。

それは明らかに間違っています。間違っているにも拘わらず、政治家達は気づこうとはしません。ますます調子に乗って、自分たちのやりたい放題の社会を構築しようとしているのです。そんなことが永遠に続くはずもありません。必ず、宇宙的規模で修正が入るのです。その時期が明確でないため、そのようなことは起きないと高をくくっているのです。

私達は、宇宙の求める世界を構築すべく、死ぬまで努力する必要があります。現実が厳しくとも、諦めてはいけないのです。心の火を燃やし続けるべきです。消してはいけないのです。目の前に困っている人がいたら、できるだけのことをするのが当然なのです。お互いさまの世界です。今は、自分が優位に置かれているかもしれません。しかし、それは、いつ逆転するかも知れないのです。

世の中は加害者と被害者に分かれています。「どんなことがあっても、加害者にはならない」と、誓って生きるべきです。人間が生まれて来た目的を明確にする必要があります。

この世の苦しみを逃れるため、死後は天国や極楽へ行くために生まれて来たと考える時代がありました。そのためにどうしたらいいか、の答えを宗教に求めました。百万遍念仏が強調されたこともあります。百万回の念仏を唱えれば救われると説いたのです。

日蓮宗では、南無妙法蓮華経と、朝から晩まで一心不乱に唱えることで救われると考えた人々もいました。それぞれの時代には、それで納得して生きた人々がいたことは事実ですが、今の時代に考えてみて、納得できるでしょうか。

「宇宙の法則」では、そのような生き方は決して推奨されません。この世に生まれてきながら、この世を捨てて、あの世のために生きるなどは、どう考えても間違っているからです。

そこで、現代では、あの世などは一切考えず、この世の幸せのみを求めて生きることこそ最高の生き方だと考えたのです。

この世の幸せとは何でしょうか。これまでは、裕福になること、病気にならないこと、人々の上に立つ地位に就くことなどが幸せの条件でした。

しかし、このような考え方も行き過ぎであり、間違っているのです。宇宙は、この世だけではないからです。あの世も考えた、この世の生き方があるはずです。それは、創造主が人間をこの世へ送り出した理由を思い出せばわかります。創造主の思いを代行することです。

その思いとは、生きとし生きるものが、幸せを感じられる世の中を創造することにあります。人間だけでなく、動物も植物も含まれます。

## ✺「自分は奴隷」という自覚のない日本人

私達日本人は、いつの間にか、世界の権力者たちの奴隷にさせられていたということをご存知でしょうか。世界の権力者とは、外国人だけではありません。

日本の政府、官僚、役所……さらに小学校から大学まで、そこで教える教師たちは、知ってか知らずか、生徒を奴隷にするように導いていたのです。テレビにいつも登場するお笑い番組の役者たち、例えば、吉本興業の面々も、国民の奴隷化に寄与していたことをご存知でしょうか。

自民・公明・維新で構成される政権の下に、各官庁が存在します。中央官庁には、財務省、総務省、国土交通省、厚生労働省、文部科学省などが存在しますが、彼らは、日本人の生活が楽になり、幸福になるための政治や政策を考えることなど、一切ありません。いかに国民から税金を取るか、いかにして病気にして製薬会社を儲けさせるか、病院を潤わせるか、いかにしてお上に忠実な大人になるように仕向けるか、そんなことばかりを考えてきたのです。

政治に無関心な国民になるよう、戦略を持って挑んできたのです。個性を認めず、一律の大人になるように教育してきました。規則を細かくつくり、それに従うように誘導してきました。規則に反したり、個性を発揮する子供は、社会の攻撃を受けるように仕向けてきました。

こうして、戦後実施された教育政策はみごとに成功して、21世紀の今、花開いたのです。

中曽根総理が土台をつくり、小泉、麻生、安倍、菅、岸田たちの行った政治の結果、どれだけ日本が衰退したか、ご存知でしょうか。

- 子供の少なさ・世界一（中国16・2％、日本12・6％）
- 奇形児の出生率・世界一
- 寝たきり期間・世界一（寝たきり男性9年、女性12年）
- 農薬使用量・世界一（米国の5倍）
- 合成洗剤使用料・世界一
- 食品添加物の許可数・世界一（独70、仏40、米１４０、日本１５００以上）
- 食品添加物使用料・世界一
- ごみ焼却場数・世界一
- 放射能汚染・世界一
- 若者自殺率・世界一
- 精神科の病床数・世界一（１８５万床で世界全体の2割、5人に1人）
- 水道水の塩素濃度・世界一
- ＧＭＯ遺伝子組み換え作物の輸入・世界一

・ワクチン接種率・世界一
・マスク着用率・世界一

こうして、不名誉な世界一は続くのです。

マスクほど感染者を増やす危険なものはありません。もし、ウイルスや菌が空中に漂っていた場合、湿度の高いマスクに集中し、培養することになります。それを平気で手で触って、食事するわけです。マスクの網目は、ウイルスの50倍の大きさですから、ウイルスが存在したら全く何の効果も意味もないことになります。

子供にマスクを強制するのは、さらに罪が深いといえるでしょう。酸素吸収量が3割ほど減少し、脳細胞の発達を阻害します。賢明な母親であったら、絶対にマスクをさせません。

哀れな奴隷は、何も考えず、考えられないのです。テレビ映像を見て、そのまま頭にインプットして、言われた通りに行動するのです。

山登りしながらマスクをしている人の姿を、NHKは放送します。船頭と一緒に二人で海釣りしている人物も、マスク姿です。オゾンのある空気のいい大海で、マスクを着けるこの情けなさ、そんな映像を故意に見せつけるNHKの魂胆がおわかりでしょうか。全て、国民を洗脳するためです。

## ✺「真実を伝えない」マスメディアの暗闇

地球の夜明け前と言われる今、日本人が苦しんでいます。いつ世が明けるのか。1日も早い夜明けが望まれます。今は、夜明け前の暗闇が日本を覆っています。なぜ、暗く感じるのでしょうか。

それは、日本のマスメディアが本当のことを全く伝えないからです。世界で何が起きているのか、世界はどのように変わろうとしているのか。誰もが知りたいことを、一切伝えないようにしているのが日本のマスコミなのです。しかも、心を退廃させる低俗な娯楽番組を満載しています。どのチャンネルを捻っても、真実とはほど遠い内容のニュースばかりです。これでは、心は晴れず、暗闇を感じてしまうのです。

SNSなどで情報を得られる人もいますが、多くの高齢者はテレビと新聞、ラジオ以外の媒体から情報を得る手段を知りません。希望の光が見えない生活ほど、生きる活力が生まれないものはありません。その上、経済的に生活苦があれば、なおさら、生きる気力さえ失いかねないのです。

シングルマザーの自殺死も増えていると言われますが、ニュースにもなりません。問題意識を持つような内容のニュースは、故意に伝えないのです。

なぜ、ここまで日本人は駄目になってしまったのでしょうか。そこには、しっかりとした「カラクリ」があったのです。

## ✺韓国人による日本支配体制

良し悪しは別にして、竹槍１本でも鬼畜米英と戦うと本気で考えるほど精神性の強い大和魂を持った日本民族を懐柔するにはどうしたらいいか。戦後の日本を統治したマッカーサーやＧＨＱは考えました。

そこで、昭和天皇を呼んで相談した結果、「白人ユダヤが直接支配するのは違和感があって、上手くいかないだろう。顔かたちの違わない韓国人を日本に入れて、日本人を懐柔して行けばいいのではないか」ということになりました。

そこで、優秀な韓国人を呼び寄せ、日本のあらゆる分野に配置したとのことです。彼らは、政界、経済界、産業界、教育界、芸能界など、あらゆる分野に配置されたのでした。

彼らは、日本に帰化し、日本名で活躍していますが、彼らが日本を大切に思い、愛国心を持って生きているならともかく、彼らが祖国のことを思い、日本を祖国のために売るとしたら、大問題になります。

今回のコロナワクチンを強引に推奨した政治家、官僚、マスコミ関係者は、ほとんどが彼ら、韓国人、在日系なのです。

ところで、日本人の所得が年々減少していることをご存知でしょうか。

その背景には、日本人が汗水垂らして稼いだお金を、今述べた人達が易々と強欲な海外投資家に差し出していることがあります。日本人の給与が、過去30年間、上がるどころか、年収で30万円ほど下落しているのは、彼らの政策のせいなのです。日本人の所得は、間違いなく世界の中でもずば抜けて下落しています。これが、彼らの方針なのです。

日本の若者の所得が伸びないと、どうなるでしょうか。当然、結婚適齢期になっても結婚できません。結果、日本の出生率は、どんどんと低下していきます。2021年度では、80万人以上の人口減少が発表されました。日本の人口を減らし、そこへ韓国、中国からの移民人数を大幅に緩和していこうとしているのです。日本に、日本人が少なくなっていくのです。それこそが、彼らの狙いなのです。

そんななかで、岸田政権は何をしようとしているのでしょうか。

彼らは、韓国人をビザなしで入国できるようにしたり、留学生には一律奨学金を与えたり、日本に住む場合は毎月3万円ほどの生活補助まで支給しています。日本人は、年金積立したり、税金を支払っていても奨学金を返済する義務があるにも拘らず――。いったい、この総理は、どこの国の総理かと思ってしまいます。

最近、岸田総理が次のように言っている姿がユーチューブで紹介されていました。

「海外留学生は、日本の宝なのです」

なぜでしょうか。こんな考えを持っているのが、日本の総理なのです。

こうして、ほんの少し書き出しただけで、お先真っ暗の状況なのです。

国民が、こうした現実に目覚め、怒りの声を政府に向けるなら救いがありますが、政府の言いなりになってワクチンを3回も4回も打つようでは、何も考えたり感じたりすることはなく、何事もなかったように過ぎていくのです。

## ✺試練を乗り越えるのが、今までの「修行」の考え方

人間は、死ぬまで試練を与えられるようになっています。なぜなら、試練を乗り越えるのが生きる目標のひとつでもあるからです。

自分は悟ったと自覚していても、試練を与えられると、そこで挫折してしまう場合があります。本当に悟ったかを試されているのです。宇宙が試し、神が試すのです。

そこを、歯を食いしばって乗り越えるのです。乗り越えれば、試練はクリアされ、同じような苦しみを味わうことはなくなっていきます。

ここまでのコースを体験した人は、精神的に強くなれるのです。

試練は、個人だけが対象ではありません。国家に対して、民族に対して与えられる場合があります。自分が犯した間違いでなくても、国家が犯した間違いを気づかせるために、国家的災いが起きてくる場合があります。

それは、カルマの清算のかたちで、必ず襲い掛かります。当然、今の時代に生きている個人にも大きな影響を与えます。自分には身に覚えがないことであっても、自分の先祖が犯した罪の償いが自分にもたらされることがあるのです。

先祖の間違いを、自分が子孫として償うことになります。そういうことを考えれば、今の自分の生き方は、大変重要になってきます。

「もうこの歳まで生きたから、あとはどうとなれ。俺は生き逃れられる」と考えるのは、子孫にまで大きな負担を負わせることになります。従って、自分を中心にして自分のことだけ考えて生きるのは正しくないのです。

逆に、国家が世界の平和に貢献した場合、その良いカルマがその国家にもたらされます。子孫が、その恩恵を享受できるのです。

その源を創った人々は、もうこの世に存在しないかもしれません。それでも、子孫が喜び、感謝する波動が、あの世まで響いていきます。歓び以外の何ものでもありません。

以上のように、国家の一員として、その時その時の政治や政策が間違っていた責任は、やがて自分に及んできます。政治家が悪いと言って済まされるものではありません。

だからこそ、日頃から何事にも無関心でいてはならないのです。無関心は放棄した状態であり、逆に言えば、認めている状態なのです。認めた以上、自分に責任が及んできます。

## ✳歓喜感動することが「魂の修行」

先述したように、私達人間は、自分の魂の修行を積むためにこの世へ何度も輪廻転生してきます。その魂の修行のために、この世の苦難や苦しみを乗り越える必要があると考えてきました。

しかし、実は単に苦しみを乗り越える試練のために生まれてくるのではなかったのです。

創造主のご意志、思いを実現するために生まれてくるのです。三次元のこの世界を、創造主の思いである、愛と調和と進化に満ちた星にするために生まれてくるわけです。

地上ユートピアを創造すること、それこそが目的で、その間に経験する苦労や苦難は、当然乗り越えなければなりませんが、乗り越えるなかで、魂が修練することは当然としても、苦難や苦しみを乗り越えることが目的ではなかったのです。

これから大きく時代が変わっていきます。ユートピアと呼ぶべき五次元天国を創造していくなかで、私達は今までのように苦労や苦難を体験するのではなく、そのプロセスにおける歓喜、感動を、みんなと共有していくのです。その時、味わう感動や歓喜が、自分の魂に大きい成長を与えることがわかってきました。

ところで、EBSと呼ばれる世界緊急放送がいっこうに始まらないのは、なぜでしょうか。GESARAが発動されないのはなぜでしょうか。

これらは、遅れに遅れているのです。

当初から言われていたことは、緊急放送の「ゴー」をかけるのは人間ではなく、銀河連合のプレアデス人だということでした。

彼らは六次元に住んでいますから、地球人の心の動きが全て手に取るようにわかります。アメリカ人の目覚めは8割以上進んだと言われていますが、世界で最も遅れているのは日本人であり、まだ2割以下しか目覚めていないと言われています。

## ✺いっこうに目覚めない日本人

目覚めをどのような尺度で見るかと言えば、マスクの着用状態がひとつの指標になるようです。駅や電車の中、歩いている人達の9割以上が、きちんとマスクを着用しています。昔、「くわえ煙草で駅構内を歩くのを止めよう」というキャンペーンがありましたが、結構、平気でくわえ煙草をしながら歩いている人を見かけたものです。それに比べて、今回の日本人のマスク着用という行儀のよさは大したものです。違反する人を見かけないのですから。

それは、ルールを守るという話ではありません。マスクを外すとコロナに感染するという恐怖心から来ているのだろうと考えられます。死にたくない、コロナになりたくないという恐怖心がマスクを外せない原因であり、ワクチンを平気で打つ心境と重なるのです。もし、ウイルスが外部に存在するなら、マスクの湿気にウイルスが増殖して集まるのです。そのマスクを平気で触って、そのウイルスの付着した手で食事するのです。これほど、危険なものはありません。

読者の皆さんで、未だにマスクをして外出する人はいないでしょうか。筆者は、2022年5月からマスクを外しました。それまでは、電車に乗る時や駅構内を歩く時、ショッピングの時には、一応マスクをその場だけしていました。

しかし、マスクに何の効果もないことや、逆に感染を広げる作用があることを知り、きっぱりとマスクを外しました。電車の中で、自分一人だけマスクをしていないのですから、最初は勇気が要りますが、不思議なことに、誰一人、そのことを注意する人はいないことに気づきました。

大勢の周りの人達は、意外と他人には無関心なのです。駅の密集した構内でマスクなしの人を探すのですが、まず全員が着けているのですから驚きでした。

これから私達が経験するアセンションは、10人に一人程度しか合格しないと言われています。10人の中で、自分一人だけがマスクを着けないと目立って困る、と考える人は、その他大勢の仲間であり、当然アセンションしないグループに入ることになります。

もし、あなたが本気でアセンションを願うなら、それは少数派であり、その他大勢のアセンションしない人々とは別行動になります。それに耐えられないほど気になるようであれば、アセンションはできません。

## ✴ 恐怖心を手放す

やはり、最後は、自分の信念、覚悟になります。しっかりした信念、覚悟がないと、実行できません。

マスクで日本人の目覚めの程度がわかるという、銀河連合の神々のお説は、もっともなのです。何事も、行動するに当って恐怖心があっては無理なのです。

では、恐怖心を取り除くにはどうしたらいいのでしょうか。

恐怖心の最大のものは、自分の命に関するものです。愛する人の不幸も恐怖ですが、まず、自分の命ではないでしょうか。殺されるかもしれないというのは、大きな恐怖心を伴います。病で死ぬかもしれないという恐怖心も同じです。

このような恐怖心を持つと、不思議なことに、どんどんそれを実現させる方向へ進んでしまうのです。死にたくないと思えば思うほど、死ぬ方向へ引きずられていくのです。これは、本当に不思議な宇宙の仕組みです。「引き寄せの法則」でしょうか。

自分の命に対する恐怖心を卒業できた時、逆に死から遠ざかることができます。

では、どういうふうに恐怖心を克服するのか。

なぜ、死ぬことが恐ろしいのでしょうか。人間誰しも、永久に生きることはできません。肉体の寿命には限界があるからです。いつか訪れる死が、なぜ認められないのでしょうか。まだ早い、もう少し後なら受け入れられる――本当でしょうか。高齢になって意識朦朧となれば恐怖心も衰えるでしょうが、精神が健全である限り、幾つになっても恐怖心がなくなることはないのです。

## ✺死後の世界

死が恐ろしいのは、肉体の死後はどうなるか、という「宇宙の摂理」を知らないからでしょう。もし死後の世界が安らかであり、希望が持てるものであれば、安心できるのではないでしょうか。

宗教は、そういう人々に安らぎを与えるために発展してきました。その宗教を信じて死後の安心を獲得した人は、安らかに死んでいけたのでしょう。

しかし、宗教が役目を終えた今、宗教の力を借りる必要はありません。「宇宙の摂理」を知ればいいのです。

死後に行く世界は、27個あるパラレルワールドのどこかです。

パラレルという意味は、この世と並行して存在する世界です。この世と変わらない世界です。死ぬ時に本人が持っていた心の波長に最も近い世界へ引き寄せられていくのです。

これが、逆だったら、大いに困ることになります。善人が悪人の世界へ行かされたらたまりませんが、そんなことは起きません。自分と同じような人ばかりが集まっている世界へ行くわけですから、何の心配も要りません。この世ではいろんな人々が混在していますが、死後の世界ではそういうことは起きません。従って、この世より住みやすい世界と言えるのです。

そういう意味で、恐怖心を持つ必要はありません。

ただ、問題は、その世界から五次元世界へ行く必要があるということです。いつまでも、パラレルワールドに留まっていてはいけないのです。できるだけ早く、五次元天国へ行く必要があります。そういう意志を持って、死んでいく必要があります。

いずれにしても、自分が死ぬという恐怖心を卒業することです。それができれば、この世で何が起きてきても冷静に受け入れることができます。

では、死後の世界を受け入れられた時、次に残る不安は何でしょうか。それは、天命を果たしたかどうかの問題です。天命を自覚していたにも拘わらず、それを未だ果たしていないと思うならば、安らかには死ねないからです。日本人の使命を果たすことが、天命を果たすことになります。

それでは、ここから日本人の使命、役割とは何かを考察します。

## ✺日本人が担うべき使命

ここからが本題ですが、創造主の意図である「愛・調和・進化」の3つの要素の中で、日本人が担うべき使命とは何でしょうか。日本人に最も期待されるもの、最も得意なもの、それは何でしょうか。

大和の国、日本が示すように、大きく和する国とは、まさに調和を意味しています。日本人こそ、世界の人々に調和を示していく民族なのです。

我欲が強く、独占欲が強い人は、調和させる力がありません。我欲を抑え、周りの情勢を判断し、みんなが満たされる環境を追求できる民族でなければなりません。大和民族である日本人のこれからの地球上の役割は、全地球人の調和を図っていくことなのです。「進化」を担うのは、西洋人かもしれません。理知的には日本人より優れているからです。インドのような東洋人は「愛」の追求かもしれません。効率を求めない、時間に制約されない人々、ただひたすらに、深い愛を追求する民族かもしれません。

いずれにしても、日本人の使命は、世界を調和させることです。

調和とは、バランスです。バランスは、天秤秤で計れるものではありません。天秤秤が水平だからバランスがいい、という単純なものではないのです。本当に難渋している人々と、日頃から満たされている人々とが分かち合う場合の調和とは、当然、秤が水平であることではありません。

この感覚を持てるのが、日本人です。皆さんにも、身に覚えがおありではないでしょうか。

西洋人に「バランス」を教えれば、どんな場合も、天秤秤は水平でなければいけないと思ってしまいます。その違いが、日本人にはわかるのです。

## ✺自由・平等・博愛の落とし穴

公平と平等は異なる二つのものです。平等でなくてもいいのです。公平であれば、誰もが納得するのです。この言葉の意味が、日本人にはわかるのですが、西洋人にはわかりません。

フランス革命のスローガンは、「自由、平等、博愛」でした。フランス人がアメリカに贈ったニューヨークの自由の女神像も、同じことを表しています。

しかし、この三つの言葉が、世界を混乱に導いてきたのです。なぜだか、おわかりでしょうか。

人間にとって、自由も平等も、実際は存在しないのです。各人が自由に振る舞えば、当然、被害者が生まれます。誰かが自由に振る舞えば、誰かが多少の我慢をしなければなりません。

平等も同じです。男女の違い、年令の違い、両親の違い、何ひとつ平等ではありません。全てが平等であれば、宇宙は全くつまらない世界になってしまうでしょう。平等でないから面白いのです。生き甲斐があるのです。

しかし、公平でなければなりません。公平でなければ不満が生まれ、やがて闘争に発展します。

この感覚も、日本人独特のものであって、外国人には理解できないのかもしれません。親が子供におやつを与える時、最もお腹を空かしている子に多くを与えようとするでしょう。それが公平なのです。公平とは、同じ量だと考えるのが外国人ではないでしょうか。

創造主のご意志を、五次元地球で全世界の住民に知らせていく、体験させていく使命が、日本人にあるのです。それが大「調和」なのです。大和民族である日本人の使命として、ご記憶ください。

## ✴ 使命を果たす

目覚めた人がすることとは、何でしょうか。それは、自分に与えられた「使命」を果たすことです。

では、与えられた「使命」とは何でしょうか。それは、この地上を「五次元世界」にすることです。

私達は、五次元天国からこの世に生まれ変わって来たと言われています。天国の記憶は消されていて、誰も覚えていませんが、霊体でいた天国は完成した世界でした。

今度、人類が経験する五次元地球は、初めて肉体を持って、新しく創造する世界です。そのために、日本人に課せられた天命、使命は、先ほどお伝えしたように、人類の調和を図ることです。

世界中の国々の人々が、アセンションした地上に姿を現します。国境はないものの、それぞれ波長の合った者同士が、まとまってコミュニティをつくって、住み分けていくと考えられます。

その時、各国出身者ごとに分かれて住むとなると、全体の調和が必要とされる場面が出てきます。その時、最終的に知恵を出せるのが日本人ではないでしょうか。

アセンションした地上での使命もありますが、それまでの使命について述べたいと思います。それは、一人でも多くの人をアセンションに導く使命です。自分一人でアセンションするのではありません。みんなでアセンションするのです。

そのために、「ライトワーカーを目指せ」と、教えられています。

やはり、人間は自分で目標を定め、それに向かって突き進んでいる時が最も幸せを感じる時なのです。

## ✵銀河連合からの「五つの教え」

今、アセンションを目指して生まれて来た人々の天命は、各自が無事アセンションを果たすことと、一人でも多くをアセンションに導くことです。

この点については、皆さんもご異議がないでしょう。

そこまでは共通の役割ですが、その後があります。

この広大な宇宙の隅々まで創造主の意志が貫かれていることはご存知だと思いますが、その意志とは何でしょうか。

繰り返しになりますが、「愛」「調和」「進化」になります。

2022年8月になって、銀河連合から伝えられた「五つの教え」をご存知でしょうか。ここで解説してみます。

まず、五つの教えの第一は、「慈愛」になります。

「宇宙には神聖な慈愛の心の源がある。それと繋がる必要がある」というものです。慈愛の源とは、まさに創造主のご意志こそが源になります。「創造主の慈愛と繋がりなさい」という意味になります。

愛とは、慈愛なのです。愛の種類にも色々ありますが、宇宙の愛は、慈愛なのです。仏陀は、慈悲心と言われました。イエスは、隣人愛を教えられました。どちらも与える愛を意味しています。

愛と言えば、愛に飢えて、愛を求める人々も少なくありません。しかし、ここで教えられる愛は、慈愛であり、与える愛を意味しています。隣人愛も、憐れむ人を愛するという意味が含まれています。求める愛ではなく、与える愛なのです。

二番目は「思考」になります。

「あなたという存在は、自分の思考から成り立っている。何を考えるかで、それを自分の世界に引き寄せている。自分でつくったホログラムから投影した世界を体験しているのだ」

というものです。

「人は考える葦である」と言ったのは、パスカルだったでしょうか。思考しなければ、人間ではないのです。動物は思考しません。いつまでもマスクを外せない日本人は、思考が停まっているのです。言わば、人間ではなくなっているのです。

人間であれば、思考しなければならないのです。

では、どういうふうに思考すればいいのでしょうか。

人間には、思考の自由が与えられています。どう思考しても許されます。ワクチンを打つのも自由、打たないのも自由です。強制して打たせようとするのは、明らかに「宇宙の摂理」から外れています。

何でもネガティブに思考する人、何でもポジティブに思考する人、色々ですが、どちらにしても、自分の思考した世界を、自分に引き寄せて体験しているというのが真相です。何事もくよくよ考える人、心配ばかりする人、取り越し苦労という言葉がありますが、苦労する人は、苦労を思考して引き寄せているのです。これが「宇宙の法則」なのです。「引き寄せの法則」です。

なかには、自分で苦労や病気を引き寄せて苦しんでいる人もいます。なぜ、自分だけがこんなに不幸なのだろうと考えますが、それは自分の思考に原因があるのです。そうであれば、思考を変えることで環境も変わっていくことになります。そのことを理解すること、そして実行することです。

三番目に「シンクロニシティ」という言葉です。「偶然というものは存在しない。『普通』という境界を越えて、『偶然の一致』が起きた時には、背後に意図がある」「隠れた意図があり、それが魂の成長のヒントになっていく」というものです。

シンクロニシティとは、何かが偶然のように、同時に起きる現象を言います。例えば、ある人を思い出して、電話して消息を尋ねようと思っていた矢先、相手先から電話が掛かってくるなどの現象が起きることがあります。自分が思ったことと同じことを、相手も考えていたなどという場合です。

この宇宙には「偶然はない」というのが真理ですから、何かの天の意図が働いたからこそ、あり得ないことが起きたと考えることができます。偶然で済ませれば、それで終わってしまいますが、そうではないと考えた時、大きな意味に気づくのです。そして気づいた時、「宇宙の摂理」に気づき、感謝せずにはおれなくなるのです。

四番目は「バイブレーション（振動）」です。「全ては、これによって繋がっている」というものです。

バイブレーションを「波動」と訳すと、よく理解できるかもしれません。人間関係も、うまくいく場合といかない場合がありますが、これはその人の持つ波動、波長が合う人と合わない人がいるからです。

夫婦間でも、ワクチンを打つ人と打たない人がいます。これは、バイブレーションが違うからです。アセンションの話に興味を示す人と、全く示さない人がいます。波動が違うのです。

このように、バイブレーションの違う人々を無理に一緒にしようとしても、当然うまくいきません。

最後の五番目は「意志」になります。

「自分の最も高次元、神聖な創造主の意志に繋がり、それに従っていくこと」とあります。

筆者がいつもお伝えしている話で、「覚醒する」という文字の中になぜ「星」があるのか、という問いかけです。

星とは銀河であり、宇宙であり、宇宙とは宇宙創造主のことでもあります。すなわち、覚醒するには、星と繋がる、銀河と繋がる、創造主と繋がる必要があるというものでした。全く、それと同じことが教えられています。

創造主と繋がるとは、創造主の意志に繋がり、それに従っていくことだというものです。目覚める条件でもあります。

そして、創造主の意志とは、冒頭で述べた「愛」「調和」「進化」なのです。

その他に「平和」と言いたいところですが、愛と調和が図られれば結果的に平和が訪れます。

# 第8章 地球の現状と人類への導き

読者の皆さんの中には、40代の方もおられるでしょうが、60歳近辺の方が多いかと思われます。人生のひと仕事を終えて第二の人生を歩んでおられる方、ひと仕事を終えようとされている方などもおられるでしょう。

ここでは、年齢には関係なく、これからどのような「生き方」をすればいいかについて考えてみたいと思います。

今は、地球が五次元に進化するという、普通では考えられない時代を迎えています。三次元の地球を意識したこともない人々がいる中で、五次元に向かうと言われても、理解できない人がほとんどでしょう。

これは、広大な宇宙を意識しないでは理解できないことなのです。しかも、進化した地球へ移行できる人々と、二度と地球へは再生できない人々に分れていくと言われています。

今までのように、何も深く考えないで死を迎え、あの世へ行けば、またいつか輪廻して地球に生まれ変わるという「ありきたりのこと」は起きなくなるのです。

お世話になった地球と絶縁してしまうなど、これほどつらいことはありません。できることなら、進化した地球と共に、再び地上に生まれてきたいと考えるのが普通ではないでしょうか。

それを前提に考えれば、これからの「生き方」で全てが決まるのです。

そうであるなら、どのような生き方をすればいいのか。しっかりと学びたいものです。

読者の皆さんの中には、すでに目覚められ、気づかれて、ご自分の使命を果たしておられる方もおられます。本当に、宇宙の姿を知り、宇宙が何を人間に求めているかを知ったなら、じっとしておれないに違いありません。

私達は、今までに日本だけでなく、他国も含めて、何度も地上に生まれ変わっています。仏陀の時代、イエスの時代に生きていた方々もおられます。今より未熟な人間だったに違いありません。

今は、先進国の日本に生まれて不自由のない生活を送らせてもらっていますが、地球規模の変動期が近づいていることを知って、悔いなく残された生命を全うしたいものです。

## ✺三次元地球が終わっていく

さて、悔いない人生とは、自分の役割、使命を立派に果たして、あの世へ帰ることを言います。

では、私達の役割、使命とは何でしょうか。

先にもお伝えしたように、今は「非常時」「緊急時」なのです。

なぜかと言えば、地球が終わっていくからです。三次元の今までの地球が姿を消していきます。新しい地球、新生地球に変わっていきます。そこへ生まれ変わりたい気持ちは誰でも持っていると思われますが、残念ながら、全員ではないのです。行ける人と行けない人とに振り分けられます。

それを知っていて、「別に地球に未練はないから、どの世界へ行っても構わない」という人々には、このまま何も知らせなくてもよさそうですが、「なぜ教えてくれなかったのか」と悔し涙を流す人もいるかもしれません。それを避けるためには、知っている人が知らない人に知らせる必要があるのです。

知らせるに際して、宇宙の真実、本物の情報を求めている人々には比較的容易かもしれません。が、そういう人々ばかりではありません。今までの常識や知識に囚われて、頑なに抵抗する人々もいます。そんな人々に伝えるのは、生易しいものではありません。

求めない人を放置することもやむを得ないのですが、それでも心を開いて聴く人もいます。

伝えるほうにしても、少々の抵抗があっただけで伝える熱意をなくする人もいます。それは、まだ使命に目覚めていない場合もありますが、ご自分が本当のことを知らないという場合もあります。まず、自分が知ること、これが最重要事項になります。自分が半信半疑では、とても無智な人々に伝えられないのです。

無智であっても、関心を持つ人々はいいのですが、無関心で常識に凝り固まった人々は救いようがありません。

「救う」というコトバには、注意しなければなりません。

私達は他人を救うのではありません、それは宗教の世界になります。救うのではなく、伝えるのです。それだけです。

では、伝える熱意をどうやったら持てるでしょうか。宗教の信者ではないにも拘らず……某宗教では、他人に伝えた数だけ功徳を積めると教えています。伝道すれば、功徳が積める。だから真剣に伝道するとなれば、それは自分の利得を意識した行為になります。

伝えたいという情熱が生まれるには、どうしたらいいのでしょうか。

「宇宙の真実」を知ることに尽きます。知らなければ始まりません。本当の真実を知ってしまえば、じっとしておれなくなる可能性があります。

今私達が住んでいるこの地球、この世界をパラダイスのような仏国土、ユートピアにするのが私達の使命です。それが創造主のご意志だからです。

しかし、今や、その状況とはほど遠い姿になってしまいました。日本の国は恵まれていますが、それでもパラダイスではありません。みんなが和気あいあいと生きられる社会ではありません。

貧富の差だけではありません。騙し、殺人、自殺が横行しているのです。「結果良ければ、全て良し」「強いもの勝ち」「騙される奴が馬鹿」「自分さえ良ければ、それで良し」「利己主義、自分ファースト」

選挙で選ばれた政治家でさえ、選んだ国民のことを忘れて自分の利得を追求しているのです。正義を基準にする司法までが、法解釈を都合よく変えて、自分たちの利得を図っているのです。何度、選挙をしても、政治は変わりません。

二世、三世が特権階級になったつもりで政治を行っています。

## ✵権力に抵抗する最後の手段

世界を見渡せば、「アジエンダ21」というのがあって、世界人口削減計画を推進しようとしていました。白人を5億人程度残して、有色人種を大量に抹殺する計画です。

2020年から始まったコロナウイルス騒ぎも、その計画の一端です。国民が切望するワクチンに免疫細胞を破壊するウイルスを仕込む計画を進めました。時間が経てば、ワクチン接種者の多くが死んでいくのです。同じ地球に生まれた人間がすることではありません。

彼らは、77億人の世界人口を大幅に削減しなければ地球が維持できなくなると勝手に解釈しているのです。しかも、残す人間を自分達で選択しようとしています。世界の富と権力をほとんど一手にした一部の超金持ち達が動いていたのです。

昔は労働組合を結成して、資本家と戦うという思想がありました。資本主義に対して社会主義、共産主義が理想だと考えられた時期もありました。しかし、かつてのソ連や中国を見ればおわかりのように、一部の人間が権力を独り占めして国民を圧迫している構造に変わりありません。弱者は弱者のままなのです。

弱者が追い詰められると、昔は捨て身の「一向一揆」がありました。今はデモ行為が認められていますが、いくら民衆がデモを行っても権力者が謙虚に反省することはありません。香港を見れば、そのことがよくわかります。デモ隊を警察力で取り締まるだけです。民衆は、最終的には、暴動に走る場合もあります。しかし、破壊からは何も生まれないことは宇宙が証明しています。

破壊しないで、事態を改善していく方策があるのでしょうか。

選挙でさえ、権力が介入して、選挙結果を誤魔化し、意味をなさないようになっています。

最後の手段は、見えざる存在に対する「祈り」になります。コトバの力を信じて、祈りコトバを発します。

世界中の民衆が祈った時、何かが変わるでしょうか。

祈りコトバを発していると、そのコトバを自分が聴いています。自分のハイヤーセルフが聴いていますから、それは内在する創造主の一滴の光に通じていきます。神々が聴いていますから、間違いなく行動されるでしょう。これは、個人のための祈りではないからです。人類大多数の祈りとなれば、強い力を発揮します。光の存在達が動き始めます。宇宙が動き出します。

人類は、今や、このような段階に来ているのです。

選挙も駄目、デモも効果なし、暴動は宇宙が容認しません。最後の残された手段は、祈りコトバを発することです。心の中で祈るより、コトバを声にして祈る方が、より効果が大きいのです。

しかも、一人や二人の祈りではありません。世界の過半数の祈りであれば、凄い波動となって宇宙に響くことでしょう。

そういう祈りのためにも、宇宙を知って、賛同する人々を増やすことに価値があるのです。少人数では、力不足だからです。

では、これからの生き方を整理します。

自分の使命に目覚めるために、宇宙の真理を学び、理解、納得するまで深める。確信したことを仲間に伝える。いつも心に、新しい世界の到来を描く。その実現を祈りコトバに乗せる。

このような心境で生きることが求められるのではないでしょうか。

この世の欲望に未練がある人は、それに邁進して、限界を早く悟るといいのです。欲望がありながら、無理に抑えても、あまり効果がないからです。欲望を達成するために、全力投入すればいいのです。そして、1日も早く、その虚しさ、愚かさに気づくといいのです。

「悪事でも、納得できるまで行動してみよ」と言いたいところですが、必ずしも行動しなければ納得できないというものでもありません。行動しなくても、理解し納得できる方法があります。

それは、想像力を持つことです。結果を想像する力さえあれば、愚かな行動を体験しなくても、体験したと同じ結果を感じられるのです。

何をやっても、完全な自由を創造主は与えておられるのです。「これだけはやるな！」というものはありません。

## ✺モーゼに「十戒」を授けたヤーヴェ

完全な自由を与えるとは、凄いことです。モーゼの「十戒」があります。「殺すなかれ、姦淫するなかれ、偽証するなかれ」などです。

当時の人々は、都合が悪くなれば、簡単に他人を殺していました。殺人が悪いことだと、深くは考えなかったのでしょう。

当時、地球上の人類で、ユダヤ人が最もまともだと判断され、そこへカテゴリー8の星からモーゼが派遣され、地上に肉体を持ちました。

モーゼが成人して間もなく、カテゴリー9の星であるティアウーヴァの長老、ヤーヴェが宇宙船で地球へやって来られたのです。

ティアウーヴァは、ティアが省略されてウーヴァとなり、ヤーヴェとなったと考えられます。ヤーヴェは、ヤーヴェの星の長老でした。

この長老は、人間ではなく、神なのです。

ティアウーヴァ星の住民の意識は、全員が神と同じ波動を持っていますが、その長老は、さらに波動が創造主に近く、目視することができない存在です。光が強すぎるのです。この方が、文明の遅れた惑星である地球人を指導するために、遥々の距離を宇宙船でやって来られました。

計画通り、モーゼをシナイ山に呼び出され、「十戒」を授けられたのです。

10の戒めは、タブレットにヘブライ語で刻まれており、ユダヤ人達の秘宝としてアークの中に納められていましたが、その後、イスラエル国が滅ぼされる際に行方不明になってしまいました。

## ✺失われた「アーク」

行方不明になったアークは、「失われたアーク」として映画にもなりましたが、今や世界を支配する白人ユダヤ人が必死に探しています。

極めて不思議な話ですが、このアークは、日本のお神輿とそっくりなのです。アークの詳しい状況は、聖書に詳しく、寸法まで書かれています。それと同じようにつくられているのが、日本のお神輿なのです。

ちなみに、白人ユダヤとは、黒海とカスピ海の間に存在したカザール王国の住民が8世紀ごろ世界に散らばって行ったもので、ユダヤ教を国教としたために、自らをユダヤ人と自称したに過ぎません。

本来のユダヤ人とは何の関係もありませんが、ユダヤ人を名乗り、世界を支配していきました。

本来のユダヤ人は、12支族から成り立っていたのですが、南の2支族を除いて、北の10支族がいつの間にか行方知れずとなってしまいました。

紀元前722年、アッシリアの攻撃によってイスラエル北王国が滅亡し、何十万人という住民が忽然と消えてしまったのです。陸路や海路を通って、極東の日本にやって来たと、考えられています。

四国の徳島県には祖谷《いや》地区がありますが、なぜか、彼らは山上で生活しています。現地では、平家の落ち武者だと言われていますが、彼らこそ、それ以前から山上に住みついたユダヤ人だと考えられます。すなわち、失われたユダヤ人の10支族は、日本へ来ていたことになります。

四国の剣山は、頂上がドームのようになっていて、水が貯えられ、中央部に島がつくられて、そこに契約の箱が安置されているという噂があります。毎年、剣山の頂上へお神輿を運ぶお祭りが今でも行われています。このお神輿こそ、契約の箱を言い伝えているのではないかと伝承されているのです。

弘法大師は、この秘密を知っておられたと言います。彼が、88か所の寺院を建立し、巡礼の旅を計画されたのも、この山を見守るためだったと言われています。

この巡礼の旅では、剣山は遠くからちらっとしか見えないように計画されています。巡礼者が、我知らず、剣山を監視していることになります。

このように書き記せば、日本人のルーツはユダヤ人かと思われるかもしれません。が、ユダヤ人のルーツが日本人なのです。日本人からスタートして、ユダヤ人として活躍していた民族が再度日本にやって来たということになります。

古代から伝わる歌に、カゴメ歌がありますが、この歌の歌詞は、誰にも理解できない不可解な内容になっています。

「カゴメ、カゴメ、籠の中の鳥は、いついつ出やる、夜明けの晩に鶴と亀がすべった」

カゴメとは、カゴメ紋であり、ユダヤ・ダビデの紋章を意味しています。隠されたアークはいつ出て来るのか。

アークの両側には、ケルビムと言われる鳥の形をした守護神が守っているのですが、お神輿にも付いています。従って、ここでいう「鳥」とは、アークを指しています。

「時代が明ける、最も厳しい暗い時に、鶴亀山《つるぎさん》が地すべりを起こして、隠されたアークが出てくる」

このようにも解釈できるのです。

今は、まさに夜明け前の晩なのです。もう、日本人も人類も行き詰まっています。人間の力では、創造主が期待された本来の世界を築くことは不可能に見える、世界の深刻な情勢です。夜明け前の最も暗い晩のような時を迎えているのです。

しかしそれは、アセンションという夜明けが、間近い時でもあります。まさに、この歌の通りではないでしょうか。

果たして、このような予測が、実現するかどうかは不明です。明確な文献や根拠があるわけではありません。

しかし、希望が持てるのです。頭の片隅にでも入れておいてくだされば思い、記しました。

日本に伝わるカゴメの歌が実現する時、何が起きるでしょうか。世界中が探し求めていた契約の箱、失われたアークが、日本の四国で発見されたとなれば、ユダヤ人のルーツが日本人にあることになります。

しかも、日本の天皇の即位の時に着けられる束帯の麻は、四国三木家で栽培されているのです。四国阿波の秘密がクローズアップされる時が来るのではないでしょうか。日本人の本当の価値が世界に見直される時が来るのではないでしょうか。

なお、契約の箱に収納されている宝は、十戒を記したタブレット（石板）、マナの壺、アーロンの杖と言われていますが、伊勢神宮に奉納されている3種の神器とつながっています。

詳しくは、皇居宮中賢所に鎮座しているのですが、写しと本物の二種類があります。八咫鏡《やたのかがみ》、八尺瓊勾玉《やさかにのまがたま》、草薙剣《くさなぎのつるぎ》のうち、八咫鏡は伊勢神宮、草薙剣は熱田神宮に実物が奉納されています。

## ✺カテゴリー1から9の惑星まで存在する

ある方から、高坂和導著「竹内文書」シリーズ3冊をお借りしましたが、その時、「ミシェルの書いた『超巨大宇宙文明の真相』にも、竹内文書の内容と一致するものがある」とお聞きし、さっそく買い求めて一気に読みました。

今、読み返してみると、一言一句が強烈に伝わってきて、信じられないことが書かれていても、この本の内容に間違いがないことがわかります。

「中身を信じる」という表現は、主観的ですが、「信じる」のでなく「知っていた」「知った」というべきなのです。

では、この本から学ぶべきことを、皆様にお知らせします。

著者のミシェル・デマルケ氏は、オーストラリアに住むフランス人です。地球上で81回の転生を重ねた人物ですが、高度に進化した異星人に選ばれ、ある日、彼らの星まで連れていかれました。時は、１９８７年でした。

目的は、彼が見たり聞いたりしたこと、知ったことを本にして、地球人に知らせることでした。彼は作家でもなく、ジャーナリストでもないので、戸惑いますが、彼らは、「そのほうが真実が伝わる」と断言しました。


ちなみに、デマルケは、前世に日本で鍛冶屋として、95歳の生涯を終えています。後に彼は、81回の全ての人生の断片を見せられるのですが、物乞いをやったり、水夫になったり、漁師、アパッチの長、農夫、僧侶など、いろんな体験をしています。酔って口論の末、妻を間違って殺し、絞首刑にも遭遇しているのです。また、民衆にかしずかれる女王になったこともあります。

この事実を知れば、私達の今の人生が、体験を重ねるための「芝居」のようなものにすぎないと実感できます。有頂天になったり、悲観することは、何もないのです。魂が進化するためには、体験する以外ありません。残念ながら、魂だけでは、体験できないからです。魂が体験するためには、意識体と肉体が必要になるのです。

この広大な宇宙には、多くの星に人類が住んでいます。体格、身長、髪の色、皮膚の色などは、様々ですが、文明の発達度合いも様々です。地球は、最も進化の遅れた星で、

「悲しい惑星」と呼ばれており、「カテゴリー１」に属します。今回、無事にアセンションを終えれば、やっと「カテゴリー２」の段階に進めるのです。

最高の進化を遂げた星は、「カテゴリー９」に属するのですが、該当する星は、この広大な宇宙に三つしかないそうです。

今回、地球を訪れ、ミシェルを連れ出したのは、カテゴリー９の「ティアウーヴァ星」の住人でした。この星は、地球から80億キロ以上離れているとのことです。ティアウーヴァの星から、著者が地球を探す場面がありますが、地平線の彼方に太陽が小さな星として何とか見える程度で、地球の姿はありません。それほど離れています。宇宙船でここへ辿り着くまでに、幾つもの太陽を通過するのです。

前述しましたが、この「ティアウーヴァ」が訛って「ウーヴァ」、やがて「ヤーヴェ」と発音されるようになるのですが、旧約聖書に出てくる「ヤーヴェの神」は、この星のマスターだったのです。

彼らは、宇宙船に乗って地球を訪れ、数千年も前から遅れた地球人類を指導してきたのですが、まさに彼らを神として人類は畏れたのでした。今まで、地球人の知識では解明されていない真実が幾つか明かされています。

モーゼは、ユダヤ人ではなく、エジプト人であったこと、シナイ山で、モーゼに十戒を授けたのは、やはり彼らでした。

創造主ではなく、進化した神に最も近い宇宙人「ティアウーヴァ人」のマスター（長老）だったのです。

旧約聖書によれば、モーゼは、「出エジプト記」の中で、多くの奴隷となったユダヤ人をエジプトから脱出させ、40年の長きを費やしてカナンの地へ導いたことになっています。その時、ユダヤ人の行く手に紅海が立ちふさがり、後ろには追いかけるエジプト兵が迫ります。

神は奇跡を行い、紅海は二つの波に分かれ、その間を彼らは無事に渡り切るのですが、追いかけるエジプト兵が海に入ると、分れていた波が押し寄せて海に沈むというシーンを、映画「十戒」でご覧になった方もおられるでしょう。

しかし、真実は少し異なります。時のエジプトの権力者ファラオは、セト一世の後継者であるラムセス二世でした。モーゼに従ったユダヤ人の数は37万5千人でした。彼らは紅海でなく、葦の海に着いた時、3機の宇宙船がフォースフィールドによって海水を押し開いたのです。そして、ユダヤ人が渡りきった時、その水を閉じたのですが、エジプト兵は誰も海に入らず、一人も死んでいないとのことです。

また、カナンの地に辿り着いたのは、40年後ではなく、わずか3年半後でした。

この当時、聖霊（宇宙創造の霊）を信じ従ったのは、ユダヤ人だけでした。聖職者達は、シナイ山でモーゼと交わした会話の一部分を民衆に知らせたため、彼らは「メシアの到来」を待ち続けたのでした。メシアは、本来モーゼだったのです。その後、ユダヤ人達はソロモンやダビデのような偉大な立法者を生み、文明を発達させました。

ソロモンが死ぬと、人々は無秩序に向かい、邪悪な聖職者に影響されるようになりました。アレキサンダー大王はエジプトを侵略したものの、世界にとって建設的なことは何もせず、ローマ人は彼を受け継ぎ、精神性よりも唯物主義に傾いた巨大帝国を築きました。

彼らは、精神的混乱を引き起こし、人々を宇宙の真理に導くことからほど遠い、生半可な神々と信仰を持ちました。

ローマのような精神的に不毛な地ではなく、精神的に進歩した祖先を持ち、知的に優れたユダヤ人のことを考えて、ティアウーヴァ人は、イスラエルに手を貸すことを決めたのです。彼らは、宇宙の真理を広めるのにふさわしいと考えたのです。

ユダヤ人は、彼らに選ばれたのです。まさに「選ばれた民」だったのです。そして、キリストを最も進化した星から送り込んだのでした。

## ✺イエス・キリストの誕生の真実

聖書には、イエスはマリアが処女懐胎したと書かれております。

私は自著「超古代の黙示録」で、ある方からの情報に基づき「マリアはローマ兵に辱められ、身籠った」と書きました。

しかし、この進化した異星人からの情報では、全く違っているようです。

マリアは、催眠状態でインプラントによって処女懐胎したのでした。遺伝子は、地球人のものでなく、ティアウーヴァ星の選ばれた方だったのです。それが「イマニエル・イエス」でした。

ティアウーヴァ星の住人は、死人を生き返らせたり、喋れない人や目の見えない人を治療したり、脚の麻痺した人を歩かせたり、どんな病気でも治すことができたと言います。

イエスの行った奇跡は、事実だったことが判ります。

「イエスの誕生」に人々の関心を引きつけ、驚くべきできごととして際立たせるために、彼らは羊飼いの前に突如出現したり、イエスが生まれた噂が広がって、そこを訪れようとする人々に球体を送り、発光させて誘導したりしました。

聖書の記述にある東方の三博士は、実際には送られていません。

聖職者や預言者と呼ばれる人達が、ついにイエス誕生のことを聞き知りました。星や天使の現象を見た預言者達は、ユダヤの王メシアの誕生を人々に知らせました。これを知ったヘロデ王は、その地域の赤ん坊に対し、ためらいもなく殺害を命令しました。

この殺人が行われている間、マリア、ヨセフ、赤子イエス、それに２頭のロバを催眠下で宇宙船に避難させ、エジプト近くのある場所へ連れて行ったのでした。

これが真実ですが、聖書の記述とは、大分異なるのです。

聖書では、イエスの少年時代から青年時代の記述が全く抜け落ちています。突如、イスラエルに現れるのです。ここに謎があります。

イエスは、14歳になった時、12歳の弟オウリキを連れて、両親の家からビルマ、インド、中国、日本へと旅に出たのでした。

ところが、いつも一緒だったオウリキが中国で殺されてしまいます。イエスは、弟を愛していたので、彼の一房の髪を肌身離さず、旅を続けました。

イエスが日本に着いた時は、50歳になっていました。そこで日本人と結婚し、３人の娘を設けました。そして、45年間住み続けた青森県新郷村で亡くなりました。

新郷村は、昔は戸来《へらい》村と呼ばれていました。「ヘブライ」から付けられたのでしょう。そこにイエスの墓があり、隣にオウリキの髪を納めた小さな箱を埋めた、もうひとつの墓があります。このことは、「竹内文書」にも記されているのです。


それでは、32歳でゴルゴタの丘で磔になったイエスは、どうなるのでしょうか。ここからが、ミステリアスな話になるのです。

人間は肉体が死んでも、アストラル体は生き続けます。新しく赤ん坊として生まれ変わる時、アストラル体は「忘却の川」を通り抜け、前世の知識や記憶が消されるのです。

そのため、ベツレヘムで生まれた子供イエスは、たとえ百歳まで生きても「奇跡」を行うことはできませんでした。

イエスは、12歳の時、神殿勤めの博士達を驚愕させるほど優秀ではありましたが、死人を蘇らせたり、病人を治すことはできなかったのです。

ティアウーヴァ星では、地球人を信じさせるために、奇跡を見せて地球へ送る使者を選ぶ必要がありました。選ばれたのは、アーリオックです。

彼は、ユダヤの砂漠へ連れてこられ、肉体を変化させることを申し出ました。ティアウーヴァでの肉体を捨て、キリストの肉体を纏いました。

ちなみに、この星では、肉体を再生したり変化させたり、自由にできるのです。従って、アーリオック、すなわち成人したイエスは、ティアウーヴァ星で保持していた知識、能力を完全に維持できたのです。彼は、これから数多くの困難に出会い、磔にされることも知っていました。

実際にイエスが行ったとされる数々の奇跡は、イエスと入れ替わったアーリオックが行ったものです。聖書に書かれているイエスは、ベツレヘムで生まれたイエスが成人してから入れ替わっているのです。

イエスが磔にされて死んだ時、ティアウーヴァの彼らは、イエスを連れ戻しに行き、蘇らせたのです。墓石を転がして、直ちに彼を近くに停泊させておいた宇宙船へ連れて行き、復活させたのです。

その瞬間、彼は不死の存在として再び姿を現し、死後の生命が本当に存在することを示し、「人々は創造主の側に属し、各々がキリストの神性の輝きを持っているのだ」と説得することにより、人々の希望を再生させたということです。イエスが行った奇跡は、彼が説いたことが事実であることを証明するために行われたのです。

イエス・キリストは、愛と精神性を説くために送られました。

彼の役目は、お互いに愛し合うことを伝え、アストラル体の転生と不死に関して人々を啓発することでした。しかし、その後、聖職者達により、すべて歪められてしまいました。キリスト教では、転生に触れていません。

せっかく、進化した星から大きな犠牲を払って、地球人を導こうとしたのに、使者を殺し、伝えられた教えを歪めて、長い間、宗教戦争に明け暮れたのです。

某キリスト教系の新興宗教があります。信者は、奉仕活動と称して、戸別訪問して信者を増やすべく勧誘して歩いています。この宗派は、旧約聖書の中身に異常にこだわり、エホバの神を信仰しています。エホバとは、ヤーヴェのことであり、ヤーヴェとは、先にお伝えしたように、最高に進化したティアウーヴァ星からやってきた長老のことなのです。神に近い能力や知性を持っているとはいえ、創造主ではありません。

地球人の我々は、このようにして、真実が何も判らなくなっているのです。聖書も事実を書いたものではなく、フィクションも多く含まれています。為政者が民衆をコントロールしやすくするために、都合よく書いたものが含まれているのです。そのようなものを、生涯をかけて信仰し、イエスの説いた大切な教えを忘れて、多くの時間をかけて布教しているのです。

もう、そろそろ目覚めなければなりません。知らないとはいえ、これほど、情けないことはないのです。

## ✺「体主霊従」ではなく「霊主体従」すなわち、肉体よりも精神が大切

さて、進化した異星人が地球人に伝えたかったことは、何でしょうか。

「宇宙の法則」では、その人がどの惑星に住もうとも、「人間の基本的義務は、精神性を発達させること」と決定されているということです。

地球では、何でも肉体に責任があると考えられ、肉体を重視していますが、これは重大な間違いです。精神が貧しければ、影響は肉体にも現れます。肉体はいつか死を迎えますが、アストラル体の一部である精神は、決して死ぬことがないのです。自分の心を磨けば磨くほど、肉体に重荷を負わされることが軽減され、より敏速に生のサイクルを通して進化していくのです。

私達は皆、自由意志を持っていて、霊性を向上させるために自らを修練するのは、私達自身にかかっているのです。

自分の意志を他人に押し付けるのは、自由意志を行使するという特典を個人から奪うことであり、人間が犯す最も大きな罪のひとつなのです。

闇の権力が仕掛けるマインドコントロールが、いかに人間の尊厳を脅かし、生きる意味までも喪失させる重大な罪であるかを知らなければなりません。

地球人は、今や巨大な権力や闇の勢力により支配され、洗脳され、自由意志を喪失している人々が、すさまじいほど存在します。

２０２０年から始まったコロナウイルスやワクチン騒動で、その現実が如実に示されました。政府の指示でワクチンを素直に打った人々は、自ら考え、判断する意志を喪失しているのです。

創造主の与えた「自由意志」を行使しなければ、どうなるでしょうか。魂の進化を得られなくなるのです。

日本人の８割以上がワクチンを接種しましたが、残りの２割弱の人々は、自分の意志でワクチンを拒絶したのです。創造主の与えられた「自由意志」を行使したのです。これは何を意味するでしょうか。

ご存知のように、今はアセンションの時代です。地球がいよいよアセンションを遂げ、この三次元世界が五次元世界に昇華するのです。そのために、私達は自ら志願して生まれて来たのです。

ワクチンを、自分の意志で打たなかった人々は、この記憶を無意識下で覚えていた人々なのです。

そういう意図を持って生まれて来た人々の中で、生き方を見失って、今回ワクチン騒動に巻き込まれた人もいるでしょう。それは、間違った判断であり、アセンションの障害になります。

これから人一倍の修正が必要になります。前世で、今回の次元上昇を目指してきた人達は、ワクチンを強制されても打ちません。しかし、そういう人々ばかりではありません。今回の人生を三次元生活最後にしようと考えなかった人々も、かなり大勢おられるのです。そういう人々は、平気でワクチンを打ったのです。

従って、ワクチンを打った人々は、間違った判断をしたと決めつけるべきではありません。自分の魂に決めてきたことを、実行した人々もいるからです。

親子、夫婦、友人、知人など、いろんな人間関係の中でワクチンの危険性を伝えても、平気で打つ人は、今回アセンションしないと決めてきた人々なのです。従って、悔しがったり、悲しがったりしなくていいのです。人それぞれの段階に応じて、進化の道を歩んでいるのです。

カテゴリー1の星からカテゴリー9の星まで辿り着くのに、どれほどの時間がかかることでしょうか。進化を急ぎたい人、ゆっくり行きたい人、色々いるのです。

# 第9章　宇宙の実相

少し仰々しいタイトルですが、今まで学んできた「宇宙の実相」を復習してみようと考えました。宇宙をイメージする場合、宇宙は多次元でできていると真っ先に頭に浮かぶ人は、すでに学習を終えている人と言えます。

残念ながら、人類を支配している人々は、その認識が未だに持てずにいるのです。「次元」については、大方の皆さんはご存知でしょう。宇宙には、どれくらいの次元があるのでしょうか。創造主のおられる次元は、どれくらいの高次元でしょうか。

## ✺創造主の「天」の世界

9は聖なる数で、完成を表していると言われますから、「99次元」におられるのではないかというのが、筆者の予測でした。

ちなみに、「天」とは、「二人」と書いて、天になります。

大宇宙空間に姿を現された創造主は、ご自分を分身されて、奥方様を設けられ、お二人となって「天」の世界を創られたということです。

私達人間の住む地球の次元は、三次元だということはおわかりでしょう。死ぬと四次元に行くと言われますが、三次元より高い次元ではありません。従って、四次元へ行くのではなく、三次元と同等の異次元へ行くと考えた方がいいのです。そこをパラレルワールドと呼びます。27か所のワールドがあるそうです。三次元と同じようにして、並行して存在する世界です。

地球内部は空洞になっていて、地上人より進化した人類が都市をつくって住んでいるという話があります。アガルタとか、シャンバラと呼んでいますが、そこは、四次元だとのことです。人間は、三次元で肉体の命を終えると、最初は幽体をまとい、最終的には霊体となって、五次元世界の天国へ行きます。

天国でしばらく過ごした後、魂の修業のために、所属の神の許可を得て、再び三次元地球へ生まれて来るのです。これを「輪廻の法則」と言います。

しかし、今回、地球が五次元へ次元を上げるため、人間の地球への輪廻は今回が最後となるのです。

## ✺地球が五次元の星になる

人間は、三次元で学ぶべきことを学んだら、五次元へ直行するべき存在なのです。「間違いなく、地球はアセンションする」という情報も、皆さんは聞いておられるでしょう。この意味は、地球全体が五次元世界になるという意味なのです。

今までは、地球上の生活を終えて死んでからしか行けない次元であった世界に、地球が変わってしまうのです。ということは、死後五次元世界へ行ける人だけしか住めない星になってしまうということでもあります。

死後、異次元へ行く人は、もう二度と地球に縁を持つことはないのです。レベルの低い星へ移動させられて、そこでやり直しの生活を送ることになります。まだまだ今の地球レベルの生活に未練がある人々です。お金を儲けて、贅沢をし、人々を従わせて得意になっている人々です。悪の世界に身を染めて、弱者をいたぶり、苦しめることに快感を覚える人々も同じです。弱者を意識的に苦しめる人は少ないとしても、弱者の気持ちになれず、他人事として見て見ぬふりをする人々は少なくありません。

世の中が明るくなっていかないのは、結局自分中心に、自己本位に生きている人々が多いからではないでしょうか。
読者の皆さんには、このような方々はおられないと思います。

では、全員が五次元地球へ迎えられるでしょうか。
善良な人生を送ったから、五次元地球へ迎えられるということにはならないようです。迎えられる人々は、「宇宙の実相」を知っている必要があるのです。「宇宙の実相を知る」とは、宇宙を創造された創造主の存在を知っており、創造主の意図、意識、意志を知っていることを言います。

さらに、そのご意志に従って、この世を生きようと努力した人々が対象になります。読者の皆さんがどのように努力されているかは、ご自身がご存知でしょう。神の前に立って「私はこのように努めてきました」と言える人は、きっと新生地球である五次元に迎えられるでしょう。

アセンションの窓は１９７５年５月に開き、１９９９年８月にターニングポイントを迎え、２０２５年７月７日に閉じるという情報がありましたが、２０２５年に閉じるというのは変更されて、永久に開いているとのことです。

何度も繰り返しますが、２０２５年は聖なる９の年でもあります。聖なる９の年には、

「全てが成就する」と創造主がオーストリアのヤーンさんに伝えました。この全ての中に何が含まれるのかは、明かされていません。

この解釈は定かではありませんが、「最後の審判」という言葉のように、アセンションした地球に参加できる人の選択が成就する年だと考えられるのです。

## ✺「世直し」を願われる神々

残りわずかしかありません。こんな貴重な情報があっても、本気にしない人ばかりです。世直しを強く願われている神々がおられます。

なかでも、人類の守り神と言われる国常立太神は、明治25年から出口なお様の「お筆先」に、自動書記のようにして、その旨を伝えられたのです。

昭和19年には「日月神示」として、岡本天明氏に、同じく自動書記で伝えられました。文字ではなく全てが記号でした。文字で知らせては人為的だと誤解されるからです。天明氏の奥様や仲間たちが集まって、永年にわたって、この記号の解読に成功したのです。その中身は何だったでしょうか。

人々に「生き方の改心」をしなければ、地球全体が大変なことになると伝えられたのですが、改心する人々は少ないのです。

そこで最近では、時間がないとばかり、直接文字や言葉で伝え始められました。千葉在住の清水浦安氏や籠神社の先達を勤められる小長谷修聖氏がおられます。

貴重な高級神のお伝えを聞いても、本気にしない人々がいます。それは「宇宙の実相」を知らないからなのです。

ほとんどの人は、宇宙とは学校で習った「望遠鏡で探索する世界」だと思い込んでいます。三次元世界以外は見えません。天空には、絶えず人類を見守る光の軍団が、宇宙船で巡回してくれていますが、彼らは、それさえ見えなくさせる技術を持っているのです。「見えないものは信じない」と考えている人々は、今回のアセンションに招かれることはないでしょう。

神が言われる「最後の審判」が迫っています。

人類は4つのグループに仕分けされます。みんなと一緒になってアセンションを願う人々と、自分だけはアセンションしたいと思う人々、今回はアセンションを願わない人々、アセンションを妨害する人々に分かれます。

しかし、創造主は無限の時間を人間に与えておられます。人間の善悪を判定して、除外される人間は一人もいません。従って、誰もが漏れなく、いつかはアセンションした世界へ招かれます。そういう意味では、心配は要りません。

ただ今回の地球のアセンションは、非常に少ないチャンスのひとつなのです。

このようなチャンスは、何万年に1回程度と言われているのです。そのチャンスを生かして、光の国へ移行したい人々は、それが叶う可能性が高いのです。人間に与えられた「時間は無限」だと言いましたが、皆さんの今までの人生を考えてみてください。

60年、70年、80年、それらの時間は過ぎてみれば一瞬だと感じますが、それを今から再度生きるとなると、結構長い時間に感じるのではないでしょうか。今から2万年以上も同じ世界で暮らしたいでしょうか。

## ✺アセンションを願うなら「改心する」

今までのような世界、すなわち生きる苦労の多い世界での生活を卒業したいと願う人々は、本気になって「改心する」必要があります。

「生き方を変える」ことが改心になりますが、どう変えたらいいか、おわかりでしょうか。

もちろん、おわかりの方々は少なくありません。

参考までに復習します。ひと言で言えば、創造主の願われているように生きることに尽きます。

では、創造主が人間に何を願われているか。

それは、神の世界にはない、二元性の世界にあって、全てを調和させ、平安と喜びに満ちた世界を創造することにあります。

二元性の世界とは、悪がはびこる世界です。悪を退治してこの世から消してしまうのが人間の役割だと考えた時期もありました。しかし、そうではないことを教えられました。

イエスは「汝の隣人を愛せよ」と教えられましたが、隣人が善人なら簡単なことです。愛すれば感謝され、相手もこちらを愛してくれるでしょう。しかし、隣人がひねくれ者で、与えた愛を憎しみに変えたとすればどうなるでしょうか。誤解するにもほどがあると、腹を立てるでしょう。許せなくなります。「隣人を愛する」ことは簡単ではないのです。

「無条件の愛」「無私の愛」は大変困難な道なのです。

自己愛、自分中心の生き方、損得と打算の愛は、誰でもできます。

宮沢賢治の世界は、「自分を勘定に入れない」世界です。宮沢賢治は若くして、そのような世界を夢見ていたのです。自分を無視できるくらいの生き方に到達することが、私達の理想です。並大抵ではありませんが、五次元の住人は、そのような人々ばかりなのです。そこへ行きたいという打算を働かせて、打算のない人生を送りたいものです。

筆者は時々、これらの文章を書いていて、熱い感情が胸からこみ上げてくる場合があります。自然に泪が滲んで来るのです。自分の魂が、降ろされた文章を見ながら泣いているのです。自分の肉体や意識体が、中身と違っているからです。

中身ができていて、その内容どおりの文章であれば、魂が喜ぶはずなのです。無私の愛が実現できない人間が、無私の愛を解説しているのです。「申し訳ない」と神にお詫びする気持になってしまうからではないでしょうか。

## ✺宇宙に偶然はない

「宇宙の実相」の中で、ぜひ知っておいていただきたいのは、この宇宙には「偶然はない」という真実です。もちろん、三次元地球においても同じです。私達が日常体験する偶然性も、必然から生まれているのです。

銀河連合からの5つの教えでも「シンクロニシティ」として伝えられていますが、再度お伝えします。

「宇宙の仕組み」が最初に稼働する時、その不備により、不具合が生じる場合があるそうですが、それだけが宇宙で生じる「偶然」だとのことです。

「この世で起きることは、全て必然である」とご理解いただけるでしょうか。

そんなはずはない。土石流で、我が家だけが家もろとも流された。隣の家は健在である。「これは運が悪かった」としか、説明できない。こんな声が聞こえてきます。しかし、この宇宙に偶然はないと知ったならば、考えなければなりません。隣の家は健在で、なぜ我が家は流されたのか。

この回答は、すぐにはわからなくても、必ずわかる時が来ます。「何かの天罰か」と考えていたにも拘わらず、その不幸が後の大きな幸運に繋がっていたことを、後から知ることもあるのです。

# 第10章 創造主のおられる「次元領域」

「神の国」と呼んでよい次元領域は、六次元からになります。

私達が、これからアセンションしようとしている次元は五次元ですが、決して神の領域ではありません。宇宙には「段階の法則」があって、誰もが、三次元から六次元へは進めません。まず、五次元を通過して、六次元へ進みます。

私達は、今のところ五次元世界を目指していますが、ここが最終目的地ではありません。

当然、さらなる上を目指すことになります。

五次元世界を、私達は「天国、極楽」と呼んできました。

どのような宗教でもあの世を説いていますが、「信じれば天国、極楽へ行ける」と説きました。この教えが誤解を招くのは、天国、極楽が最終目的地であるかのように思わせるところにあります。もし最終目的地ならば、「宇宙の法則」である「進化の法」が及ばなくなるのです。

ある宗教を信じて、パラレルワールドのひとつである極楽、天国へ赴いた時、信者は、信仰した甲斐あって、やっと目的地に来たと思い、喜ぶことでしょう。しかし、そこが最終目的地ではないことには気付きません。

今までの宗教の限界です。どうしても、「宇宙の法則」を知らなければならないのです。この辺に、宗教の限界を感じるのです。

宗教では、宇宙創造主のご意志、ご意図や、創造主が創られた宇宙の掟、すなわち「宇宙の法則」を教えません。教えないというよりも、教祖や教団のリーダーが知らないのです。キリスト教であれば、聖書に書かれていないことは考えようともしません。仏教でも同じです。

いかなる宗教も、宇宙創造主を無視しては存在する意味がありません。ただ経典に書かれたことを、学び、信じさせようとしてきたと言えます。

イエス・キリストは、天にまします「主」の存在を説いておられますが、当時の人々に宇宙の概念を伝えるのは困難だったろうと察せられます。

## ✵仏の存在とは？

仏陀は、宇宙には眼に見えない神の意識があることを悟りました。「宇宙即我」の境地に達したからです。

しかし、当時の人々に、目に見えない厳然たる世界があると教えても、誰も理解できないだろうと考えられて、その見えない存在の意志を、「仏」という姿で教えようとされたのです。仏は、人間と全く同じようなお姿として理解できたからです。

例えば、太陽を説明する時、どうしたら人間に理解されるでしょうか。

太陽は、単に熱と光を地球に供給する存在、物理的な存在ではなく、太陽には意識が宿っていると伝えても、当時の人間には理解できません。

太陽には大日如来がおられると説けば、理解しやすくなります。大日如来のお力が、太陽の恵みとなって現れていると、説くのです。

今の時代になって、神と仏を厳密に仕分けする意味はないと感じます。人間が死後、五次元へ成仏した時、「仏になった」と一般的に言うようですが、仏陀は五次元存在ではありません。神と同格になっておられます。

阿弥陀如来は、最もポピュラーな仏様です。京都や奈良の寺院には、阿弥陀如来像が、あちこちに安置されています。

では、阿弥陀如来とは、どなたでしょうか。

阿弥陀仏を分解して、阿弥とは、アミーと言われる存在がイエスの前の時代におられたと説いておられたのは、故・高橋信次先生でした。

陀仏とは、ダボーと読み、悟られた人という意味になります。

古いイスラエルの時代に、イエスの前身とも言えるアミーという悟られた方がおられ、その方を後世、仏陀が阿弥陀仏と呼ばれたというものです。

では、阿弥陀如来の誓願をご存知でしょうか。

地球に生を持った人民を、一人残らず救い取る。それが実現できるまでは、「自分は正覚とならじ」という誓いです。正覚とは、最終的な悟りであり、完成の境地を言います。

最近は、京都や奈良の寺院もすっかり観光地となり、お寺に安置された仏像に意識を向けてお参りする若者は極端に少なくなりました。単なる仏像として、作品として、カメラに収めて終わりです。

仏像には、作者の想いや、時代を経てお参りしてきた人々の念も入っていることでしょう。しかし、封印されているかのようです。ましてや、仏像に込められた仏陀の想いに至る人は、稀でしょう。

最終的には、仏であれ、神であれ、目に見えない神理気を理解できる人がいなくなってきたということになります。

末法とは、よく言ったものです。宇宙の法則、法が意識されなくなる時代が、末法になります。21世紀は、末法の時代というべきでしょうか。

人間の姿に似た仏像を見ても、何も感じず、神も意識できず、結局肉眼で見える世界だけが宇宙のすべてであると考えて生きているのです。

これで地球や人類が進化し発展していくなら、何も問題がないことになりますが、発展とはほど遠い、末期的な症状を呈しているのです。

最も大きな問題は、人間が何のために生きているのかわからなくなっていることです。何をするために生まれて来たのか。

生きるためには、お金を稼ぐ必要がある。お金を稼げる人間こそ価値がある。いかにしたらお金を稼げるか。こういう意識で競争して生きているのが大半の日本人でしょう。生きるために働く。働くために生きる。

大方の日本人は、自分がこの世に存在する意味など、知ろうともしないで、その日、その日を無難に生きられたらいいと考えて生きてきたのです。

## ✺ 人類を目覚めさせる一歩

人類を目覚めさせる一歩は、今や人類が信仰している「お金」から解放することにあると創造主は考えられ、お金の世界の「大改革」を指示されました。すなわち、GCR＝グローバル・カレンシー・リセット、すなわち、世界的な紙幣の切り替えです。

これまでは、ただの印刷した紙切れに過ぎないドルが、世界機軸通貨として偉大な力を発揮してきました。人類のエネルギーである原油は、ドルでなければ買えなかったのです。各国の国民が働き、貯めた自国のお金では原油は買えず、ドルを買わなければならなかったのです。ドル札を印刷する権利を持った人間が世界を支配してきたのです。

この制度にメスを入れられました。そして、何の裏付けもない紙幣に対して、ゴールドの裏付けを必要とするものに変えました。

次に、今までお金の管理は、スイフトシステムと言って、コンピューターで処理されてきましたが、ここに抜け道があり、いくらでも不正操作やマネーロンダリングができたのです。これをQFS量子金融システムに変えました。これは、宇宙人が考えた量子コンピューターを使ってお金の流れを監視するシステムです。

量子コンピューターは、人間にはつくれない仕組みで、神の目を持った機器と言えます。2023年後半以降、バーゼル4を満たさない銀行は全て潰れていくと言われています。バーゼル4とは、手持ちの金（ゴールド）に応じた額しかお金を貸し出せなくなることを規定しているのです。

今までのように、無からお金を創造する信用創造はできなくなったのです。半分以上の銀行が倒産するか、店仕舞いをすると言われていますが、その銀行に預けられた預金の記帳は、すでに量子コンピューターが記録しているので、安全が保たれると言われています。

その他、やがてRVと言われる貨幣価値の見直しが行われます。

アメリカが戦争を仕掛けて、その国の貨幣価値を極端に下落させた国から対象になります。イラク、ベトナム、インドネシアなどです。

今1万円の価値のお札が、その1万倍、すなわち1億円になるくらいの計算です。このお札を持っている日本人は150万人ほどいるそうです。

億万長者になった多くの国民が、弱者救済や人道支援、世直しにお金を使えば、社会は活気を取り戻し、住みやすい世の中に近づいていくことでしょう。

さて、前後してGESARA法が発令されます。この時、今までの税金は廃止されるだけでなく、1950年以降支払い続けた税金が戻ってくると言われています。

さらに、違法な金利で支払ってきた借金、ローンは、全て免除されます。

さらにさらに、毎月一人当たり25万円程が支給されるようになります。

このようなお金に関する一大改革が、早ければ今年2023年中から実現していくのです。遅くとも、2024年春頃からは実現するのではないでしょうか。

これは、奇跡に近いものです。人間の力ではできない内容になっています。まさに、銀河連合の支援があってこその大改革なのです。人類を憐れまれた創造主のご意志も入っていると思われます。

そして、約10年後、すなわち2032年には、人類は黄金時代を経験すると、銀河連合は伝えています。この頃には、人間のマインドがお金を意識することはなくなっていると言われているのです。

「お金さえあれば」と「お金信仰」で生きてきた人類から、お金の意識が消えていくのです。ものすごい変化と言えるでしょう。お金だけを意識して生きてきた人類が、お金を意識しなくなった時、どのような変化が起きるでしょうか。新しい生き甲斐を発見しなければなりません。そして、生き方を変えていかなければなりません。五次元世界へと地球は向かっていますから、人類の意識もそちらの方に向けなければなりません。

退廃的な堕落の方向へ、有り余るお金を使って生きるとしたら、それこそ本末転倒になります。ここでも、人類は試されていきます。

## ✺創造主の決断

さて、すっかり「悪の星」になった地球人類を救おうと決心されたのは、創造主です。地球のアセンションを許可されたのです。銀河連合に地球人救援を指示されたのです。その結果、人類を支配する地球外生命体やその配下たちを一掃することから始まったのです。人類には目立たないところで、目立たないように実行されてきたので、ほとんどの人々は今何が起こっているかを知りません。しかし、光の軍隊も多くの犠牲を伴いながら、ようやくここまで辿り着いたのです。地下深くに棲みついていたネガティブな地球外生命体を、地球から追放したのです。

闇や悪の力を削ぐために、彼らからお金の力を失くすることから始まったのです。そして、貧しさゆえに何も考えられなくなっている人間を豊かにする方策を実行されたのです。人間の力では永久に実現できないことを実現されたのです。まさに、奇跡を演出されたのです。

この現象は、当たり前でもなく、普通の出来事でもありません。その事実を、人類はしっかりと認識しなければなりません。

本当に救われたのです。創造主や銀河連合の神々、アライアンスの方々に、感謝を忘れてはいけないのです。

今まで、創造主の存在など、意識したこともない人々が大半でしょう。しかし、今や創造主を意識し、感謝せずにはおれないような事態が生じているのです。毎月、働かなくても充分な生活費が支給される、こんなことが現実に起きるでしょうか。財源は、どこにあったのでしょうか。

財源は、人類がみんなで稼いできたものなのです。

これまでは、いくら稼いでも生活は楽にはなりませんでした。なぜでしょうか。1％と言われる闇の集団、超金持ち達、金融マフィアが権力を手に入れて、政治家を買収し、あらゆる分野を乗っ取ってきたからです。そして、富を分け与えることをせず、独り占めして、有り余る富を隠してきたのです。税金も支払わず、富の再配分も行われなかったのです。

その結果、貧しき者がどんどんと増えていきました。

最も勤勉な日本人は、どうなったでしょうか。

一時は、「日本はナンバー1」という本まで出版されながら、いつしか、世界でも貧しい国の仲間入りをしていたのです。アメリカCIAの指示の下に、何らの抵抗もなく、言われるままに政治を行ってきた結果が、今日の姿を招きました。我良しの政治家しか存在しなかったことが大きな原因でもありますが、そのような政治家をのさばらせていつも選挙に応じてきた国民にも、大きな責任があります。国民の意識が招いた日本の惨状なのです。

そして今、自分達でできなかった奇蹟が実現したのです。

それも偶然のものではありません。計画的に、あり得ないことが起きたのです。それを平然と享受してよいものでしょうか。

繰り返しになりますが、感謝し、感動しながら、受け取るべきものではないでしょうか。

これを忘れるなら、この恩恵を受けるべきではありません。辞退すべきでしょう。辞退すれば、生きられなくなるでしょうけれど。

## ✺奇跡の時代が始まる

おわかりいただけたでしょうか。

21世紀の今日、いよいよ奇蹟の時代の始まりです。奇蹟を起こされたのは創造主であり、その意を受けた銀河連合、そして、その指示に基づいて実行したトランプさん、プーチンさんはじめ、地球のアライアンスの皆さん達です。

その経緯を知っていなければなりません。忘れてはなりません。

今の時代に、このような奇蹟が現実化した背景と実績を忘れるならば、この後の生き方に何も影響しないことになるからです。

終末的な苦しみと未来の見えない暗闇の時代を生きていた、我々現代人なのです。どうすることもできない状態の中で、生きる光を与えられた存在があるのです。それは、テレビで放送されるわけでなく、新聞に掲載されるわけでもありません。普通に生きていて、知らされるものではありません。知ろうとする努力が必要になります。ただ与えられた福音、結果だけを黙って享受すればいいというものではないのです。なぜ、このような信じられない事態が起きたのかを知らなければならないのです。

今こそ、私達は宇宙に生かされており、宇宙を創造された方の強いご意志の中で恩恵を与えられていることを知らなければなりません。それを知ったなら、命の恩人とも呼ぶべき存在に対して感謝と感動を表すことになります。人類の未来にここまで救いの手を差し伸べられた創造主に、深い感謝の念を送りたいものです。

そして報恩の行為に応じるべきだと考えるのです。

## ✺ 創造主の次元領域

ところで、この章のテーマである「創造主のおられる次元領域」は、どの辺りでしょうか。正直、最も知りたいことではあっても、これまでは知る方法がありませんでした。宇宙に関する、どのような書籍にも記されておりません。創造主とコンタクトできる霊能者にお尋ねすれば、あるいは教えていただけるかもしれません。筆者も、兼ねてから気になっていました。

「聖なる9の年」と言われるところから、そこは九次元かと考えましたが、神の世界が六次元から始まるのであれば、あまりにも差がないことになり、もしかしたら九十九次元ではないかと考えてきました。そして、いつか、教えられる時が来るであろうという気がして、心配もせず、焦りもせず、時間が過ぎていきました。

「求めよ！　さらば、与えられん！」とイエスキリストが言われましたが、筆者は、知りたいという気持ちを持続させていました。

ある時、銀河連合とのやり取りの中で、ずばり、創造主の次元について語られているのを発見しました。創造主は、「十三次元領域」におられるとのことでした。これは、実に嬉しい発見でした。

創造主は、ご自分を分身されて、奥方様を儲けられ、二人となって「天」を形成されたことは、すでにお伝えしました。天は、お二人がおられる宇宙で最高の次元の世界になります。最高を「天」と言います。天の上はありません。

人間の魂に、創造主はご自分の光の一滴を入れられたと言われていますが、魂を産み出されたのも創造主ではないかと感じます。

この魂を成長、進化させるために、人間は肉体と意識体を与えられて、体験を重ねるのだと考えられるのです。魂だけでは、成長も進化もできないのです。

肉体は、皆さんご存知のように、日本列島で、つがいの「むかご」として誕生しました。それから720万年の長きにわたって脈々と命が引き継がれてきたのです。

肉体は、こうして理解できますが、では、意識体はどこから生まれるのでしょうか。

これについても、まだ人類は知らされていませんが、五次元世界から三次元世界へ出て来る時、所属の神に許可を貰ってから出てくると聞いていますので、恐らく、この神が許可を与えられた時点で意識体を与えられるのではないかと感じます。

こうして、本来の個別の魂は、目的を持って所属の神の許可を得て、意識体を与えられ、その意識体が肉体（両親）を決めて出てくるのではないかと考えられるのです。

## ✺魂の話・ツインフレーム

魂には男女の区別はありませんが、女性性の強い魂、男性性の強い魂があるそうです。その二つの魂が、約束して出てくる場合、ツインフレームと呼ぶのだそうです。ツインソウルという呼び方もあります。

三次元世界では、魂の修行が目的になるため、ツインフレームが出会うことは少ないようですが、五次元世界になると、ツインフレームが出会うケースが多いとのことです。結婚制度はないので、この二つの魂が意気投合して、生活を共にするケースが増えるようです。新しい喜びが生まれるかもしれません。

ワクワクする未来が訪れようとしています。

創造主は、十三次元に天の世界を創っておられますが、奥方様は女性ですから、ここだけは性別があることになります。

アセンションして、私達が向かう五次元世界には、当然、性別があります。カップルとして人間関係を体験したいと設定している場合、ツインフレームと出会うのです。

異星人とコンタクトできるエレナ・ダナーンさんの説明によると、男性にも女性にも、男性性と女性性があるというのが人間の特性で、これはとてもパワフルな仕組みになっているそうです。その二つのエネルギーの化学反応が起きて、素晴らしい力が発動します。我々は発動機になれるのです。

これが人間の特性です。創造主の如くなれる性質があります。

それぞれの魂は、必ずポラリティー、陰と陽のエネルギーをもっています。いずれ絶対唯一の創造主（第13密度）の元に帰ったら、ポラリティーはなくなります。ちなみに、ポラリティーとは、対立する二つの特性を言います。

第8密度までは、ポラリティー、男性性と女性性があります。ですから、男性なら女性を必要とし、女性なら男性を必要とし、その二つのエネルギーが絡まることで発電機になります。凄いパワーを発揮します。

二つでひとつになる感じです。第9密度にいくと、もう性別がなくなり、ひとつのエネルギー体になります。しかし、第8密度までの魂は、相手を見つけて愛を交わすことで発電が起きるのです。エネルギーが発動するために相手が必要になります。この相手がツインフレームです。自分のエネルギーとマッチした相手で、化学反応が起きる相手です。

二つの異なる魂が一緒になって「一」になるのがツインフレームです。二つの同じ振動数の魂です。それがエネルギー的に合体する感じになります。

ツインフレーム同士が愛を交わした時にのみ、ひとつになる体験をすることができます。それで愛を交わすことで、肉体から魂が出ていき、二つのエネルギー体がひとつになる体験をします。

しかし、時には男性と男性、あるいは、女性と女性というツインフレームもあるようです。これは興味深い話です。発動するには、必ず陰陽（＋-）のポラリティーのエネルギーが必要ですが、女性性の強いエネルギー体が男性の肉体に生まれ変わることがあり、反対に、男性性の強いエネルギー体が女性の肉体に生まれ変わることがあるのです。体験してみたくて、そう設定して、出て来ているのだそうです。

女性の魂が男性の肉体に入っていれば男性ですが、女性的な性質を全て持っています。思いやり、慈愛の心、クリエイティビティー、繊細、細やかさ等が女性的な特質です。ですから、今世は男性と男性同士、あるいは女性と女性同士というツインフレームもいますが、中の魂は男性と女性の組み合わせになっています。それは、生まれる前にツインフレームになろうと二つの魂がお互いに決めて、設定してきているのであって、ひとつの魂が二つに分かれたのがツインフレームではないのです。

今の三次元社会では、ツインフレームが出会うことは稀のようです。なぜなら、お互いに魂の修行進化を望んで出て来るからです。敵味方同士が、今度は仲よく和解してやり直そうと出てきて、夫婦になる場合もあるからです。

ところが、五次元以降の世界になると、魂の修行よりも感動歓喜を体験するために生まれる世界ですから、生まれる前にツインフレーム同士で一緒になろうと決めて出てくるケースが増えるのです。

六次元プレアデスでは、実に多くがツインフレーム同士、一緒になっているようです。

三次元世界で、愛する者同士が不可能とも思える困難を乗り越えて、男女が結ばれた時の感動は、計り知れないものがあるでしょう。

しかし、3S政策に洗脳されて、ハリウッド映画にあるように、知り合って、その日のうちに意気投合して肉体関係を持つような関係では、魂の感動など生まれようはずがないのです。ハリウッド映画の影響は、日本人も、もろに受けています。最近のテレビドラマや映画のつまらなさも、この辺に原因があります。深みがなく、男女の情愛が伝わってこないのです。

五次元世界では、肉体の比重が軽くなって行きますから、ますます魂同士で結ばれるようになっていくのだろうと思われます。魂がひとつになるように結ばれるとは、どういう感覚なのでしょうか。三次元では、知る由もありません。五次元における、新しい体験になります。

この世では、そのような体験をしたことがない人々が多いと思われますが、五次元世界での大いなる期待ではないでしょうか。

## 第11章 五次元に向かう地球・人類

三次元世界に住んでいる私達は、毎日時間を意識して生きていますが、大半の時間を何に使っているでしょうか。

当然、年金を貰って生きている老人たちを除いて、大部分の人々は、生活費を稼ぐために自分の大半の時間を使っています。

朝、6時に起きて、7時に出勤、夜は11時に帰って、入浴、夕食、そして就寝となりますが、このような生活ぶりでゆとりなど生まれるはずもなく、まさにギリギリの生活を余儀なくされていると言えます。

疲労が重なって病に倒れれば、途端に生活に支障が出てきます。中間職サラリーマンの生活はこのようなものですが、年収600万程度を稼ぐために、まさに粉骨砕身、心身をすり減らしているのです。

このようなサラリーマンが、程度の差こそあれ多く存在するのが日本の実情ですが、まさに奴隷状態と言えるのです。政治が悪いばかりに、この状態をいつまでも抜け出せません。

政治家は、自分の利権ばかりを追求して、国民の苦しみを知りません。知ろうともしません。アメリカＤＳの言いなりの政治を、戦後70年以上も続けてきた結果、今日の姿があるのです。

何度選挙をしても、不当に操作されるため、結果は何も変わらないのです。

## ✺ＧＥＳＡＲＡの開始

こんな時、アメリカから始まったＧＥＳＡＲＡ、ＮＥＳＡＲＡは、本当に地獄で仏に出会うような救いなのです。日本も間もなく始まります。

世界の基軸通貨であるドル札は、アメリカのＦＲＢで１９１３年から自由に印刷されてきました。ロスチャイルド、ロックフェラー、モルガン、カーネギーなどの銀行財閥が所有する私有銀行に、なんと世界の基軸通貨の印刷権を与えてきたのです。

彼らは、打ち出の小槌を持っただけではありません。この中央銀行で、金利の操作をして、ある時にはじゃぶじゃぶとお札を発行し、国民がその気になってお金を使い始めた頃、今度は金融の引き締めを行い、市中からお金を抜くのです。

これによって世界大恐慌を演出し、大不況をもたらして、借金を返済できなくさせ、資産を取り上げるのです。1929年10月の大恐慌は、こうして計画的に起こされました。2008年のリーマンショックも同じく計画的に起きました。銀行に多大の負債ができたように見せかけて、政府から多大の援助金を受け取り、さらに富を蓄積していったのです。何兆ドルもの税金を投入して銀行を救済した大統領は、とっくに銀行家に買収されていたのですから、国民は踏んだり蹴ったりの状態に置かれていたのです。

何度も言いますが、中東の産油国から世界各国が購入する石油は、ドルでなければ決済できないようにしていたのです。石油が欲しければドルを持たなければならないようにしてきました。フセインは、ドル以外でも石油を売るとほのめかしたため、結局戦争を仕掛けられ、殺されました。

アメリカFRBが世界に向けて発行したドルが、どれくらいあるのか。天文学的数字になっています。そのドルさえも一部の金融マフィアが独占し、そのドルを使って世界各地に戦争を仕掛けて来たのもアメリカDSたちです。白人ユダヤです。

GESARAについては、先にも触れましたので、大よそご存知かと思いますが、20項目に書かれた内容は、信じられないものになっています。このような庶民に恩恵が施される法が世に出るはずがない、という思いなのです。国税庁の廃止から始まって、基本的に税金を廃止、今までの負債、借金の返済免除、さらに、毎月UBIと言われるベーシックインカム、すなわち、生きるために必要なお金が毎月（最初は一人につき25万円、最終的には、75万円程度）個人ごとに入金されます。労働に対する対価ではありません。

さらに、隠されてきた宇宙特許の無料公開があり、フリーエネルギーの供給により電気代は無料、メドベッドの無料使用により、万病の完全治癒、喪失した肉体器官の復旧、30歳程度の若返りまで可能になります。

加えて、核兵器は全面廃棄になります。

## ✺ＧＣＲグローバル金融リセット・ＱＦＳ量子金融制度の採用

莫大な富を背景に権力を握った世界エリート達を排除するには、ドルを排除する以外ありませんでした。そこで、銀河連合の指導の下、色んな手段が考え出されました。

ドルを海外送金する場合、これまではＦＲＢを通じて、そこへ手数料を支払って行うスイフトシステムでしたが、これをＱＦＳ、すなわち量子金融システムに変えました。この量子取引に使われるコンピューターには、宇宙技術が取り込まれており、従来のスーパーコンピューターで丸2日間かかる計算を、わずか12秒で終えると言われています。マネーロンダリングなどの悪事を仕込む時間がないのです。

日本でも、みずほ銀行を皮切りに、郵貯銀行でも切り替えが静かに行われました。三菱、三井、住友などの財閥銀行はこの切り替えに応じなかったと言われていますが、その場合は、海外送金が出来なくなります。

毎日、500兆円ほどの送金が、世界で行われているのです。日銀も、切り替えに応じず、遮断されたそうですから、やがて機能出来なくなって、廃止されるのではないでしょうか。

QFSが可能になれば、次にRVが実施されます。

RVとは、前述したように、アメリカが戦争を仕掛けた結果、国力が衰えて、自国の貨幣価値が暴落した国に対して、それを元に戻す取り組みです。イラク・ディナール、ベトナム・ドン、インドネシア・ルピアなどが対象になります。

そして、実行されるのが、GCR、すなわちグローバル金融リセットです。

今までのドルが使えなくなるのです。DSたちが貯め込んだ膨大なドルが紙屑になるのです。円も元も同じことが起きます。

全ての紙幣は、金《きん》（ゴールド）に裏付けられたものに置き換えられるのです。従って、金《きん》を保有しない国は、紙幣を発行できなくなります。銀やプラチナも裏付けの対象になります。

今まで何の裏付けもなかった紙幣から、金《きん》を担保にした新紙幣に切り替えられていきます。

ドルだけでなく、世界各国の紙幣も同じように変わっていくのです。

政治家を買収し、言うことを聞かない政治家を暗殺し、紙幣の印刷権を手に入れたユダヤ金融財閥は、ドルを基軸通貨にし、自由に紙幣を印刷して、莫大な富を創出し、それを背景に、やりたい放題をやってきました。

そうして、ここへ来て、コロナウイルスとワクチンをセットにして、世界人口の削減調整までやろうとしたのです。天の許容の限界を超えたと思われます。

さらに、子供たちを誘拐して生贄にしたり、アドレノクロムを採取する、小児性愛の対象とする、臓器移植、人肉販売まで、世界で毎年何百万という子供が行方不明になって殺されていたのです。日本では、毎年1万4千人と言われています。

## ✳ 魂の叫び

今目覚めなければ、50億年に1度訪れる地球の次元上昇を体験できないのです。1万年以上も過去に逆戻って、人生をやり直すのです。

そんなことを望んでいる魂が、あろうはずがないのです。

魂は叫んでいるのです。「目覚めてくれ！　気づいてくれ！」と。

しかし、心が肉体にばかり捉われている人は、魂に気づかないのです。魂の叫びが聞こえないのです。

新興宗教にどっぷりと浸かっている多くの人々がいます。教祖の伝えた古い教えです。もう、今では通用しない時代に入ったのですが、それさえ気づかず、過去の教えを引きずって、自分の魂を曇らせているのです。

教わった宗教上の神仏が、その人を救うわけではありません。人がつくった宗教には、その教えの一部に、汚れた欲が仕込まれているのです。純粋なものは、まずありません。汚れた部分があるものに、神々は感応しません。

死後に信者が行く世界は、決して天国ではありません。27個あるパラレルワールドのどこかの世界へ行くのです。

同じような波動の人々だけが集まります。たとえ邪教であっても、みんなが同じものを信じて喜び合っています。そこは天国だと信じ切っています。

天国は、終着点だと信じているのです。それは宇宙の真理からかけ離れた世界に過ぎません。その世界には時間の経過が不明なので、本人が気づくまでどれほど時間を要するのかわかりません。１００年、２００年経過して気づく場合もあるのです。

邪教を信じたばかりに、あまりにも多くの時間をロスしたことになります。アセンションして、この世界が五次元になったとしても、そこが最終地点ではありません。さらに上の世界を目指して、人間は生きていくのです。

無限の世界があるのです。それを知ったら、安易な宗教の教えるままに自分の魂を委ねるのは、いかにも愚かな行為だと気づくのです。

宗教を選択する人々は、今回のアセンションの対象にはなりません。それでも、宗教を離れられない人は、仕方ありません。

## ✺今は五次元地球の「準備段階」

地球が、ようやく五次元世界に変化していくことになりました。地球ガイアの意識体は、すでに次元上昇を終えたと言われています。あとは、地球の肉体である地表がアセンションすることですが、何しろ70億人の人間がいる以上、彼らを見殺しにはできません。

何とか、地上の人間も共にアセンションさせたいというのが、ガイアの意識でしょう。すでにお伝えしたように、人間に五次元世界を体現させるために、肉体中心で生きてきた人間には想像もつかない天国のような五次元世界を体現させようとする動きが出てきました。

さらに、五次元世界に、悪人はいなくなります。

今までの三次元地球には、地球人にネガティブな感情を増幅させ、闘争と破壊に導いてきた地球外生命体が地底深くに棲みついていました。彼らが、地球人を奴隷化してきたとも言えるのです。さらに、小児性愛や幼児の生贄を要求してきたのも彼らです。

彼らを地球から永久に追放すべく、ギャラクシーアライアンス、アースアライアンスが手を組んで、戦ってくれていたのです。

すでにお伝えしたように、２０２１年12月15日に南極で最終会議が持たれ、南極にあるポータルから彼らは別宇宙へ移動させることになりました。その時の条件が、量子金融システムのノウハウを人類に教えることと、彼らが掛けたブラックマジックの呪いを解くことでした。

悪は、それだけではありません。邪悪な地球外生命体の手下となって、同朋人類を虐げたり、子供を誘拐して殺したり、弄んだり、ありとあらゆる不徳を犯してきたエリート達を大量逮捕して、処刑するべく、今現在も日夜戦ってくれています。

悪魔教を信じる英国王室やバチカン幹部たちもすでに多くが逮捕、処刑されたようです。日本の天皇は、即位する時、大嘗祭で麻の束帯をまとい、神の意志を国民に伝える役割を担いますが、実際に天皇家が信じていたのは、イエズス会の教えであり、ここにも欺瞞があります。

地球の悪とは、いわゆるＤＳとかカバールと呼ばれる存在です。

アメリカ大統領選挙の不正から、ＤＳ達が暴かれ始めました。同じ頃、世界機関であるＷＨＯとも手を組んで、世界に蔓延したコロナウイルス騒ぎやパンデミック、そして、その後に続く世界の住民に強制して打たせたワクチン騒ぎがあります。

２０２3年半ばを迎えて、このワクチンやマスク騒動は、世界的に下火になっていきましたが、日本だけはまだまだ勢いが衰えず、被害者が拡大しています。日本こそ、正真正銘のＤＳの国だったとは、多くの国民は気づいていません。

ヨーロッパは、すでにＤＳの逮捕が終了したと言われており、今はイギリス、アメリカで実施中ですが、間もなく日本で始まります。

日本は世界の最後だそうですが、２０２3年半ばから大量逮捕が本格化するという情報があります。すでにお伝えしたように、多くの国民にワクチン接種を誘導した人々、実際にワクチンを打って、金儲けをした人々が逮捕され、処刑されていきます。

政治家、官僚、マスコミ関係者、医者、看護師、教育委員会など、総勢1千万人の多数に上ると言われています。

横須賀には、4階建ての大きさで窓がない船、これは豆腐船と呼ばれていますが、それが14隻入港しています。1隻につき２０００人収容できるそうですが、２０２3年4月早々、そのうちの1隻がグアンタナモではなくグアムに向かって出航しました。グアムには、日本のＤＳやカバールを逮捕して裁く施設ができているそうです。収容人数は、10万人単位と言われています。

こうして、人類を支配し、奴隷化してきたＤＳ達やカバール達が逮捕粛清されて、1％の支配者がいなくなり、財力、権力を持った支配層が地上から姿を消して行きます。支配されてきた人々が、真実を知り、目覚め、意識を取り戻す状況が実現するのです。

人類は、当初は感動して、この環境を享受しますが、そのうちに慣れっこになって、波動を下げる人々も出てくると考えられます。

このような奇跡の時代は、永続するのでしょうか。

前述したように、銀河連合からのお知らせでは、２０３２年に黄金時代がやってくると言われており、その時代は5年間続くとのことです。

それ以降については何も知らされておりません。

お金を稼がなければという思いから解放され、お金が自由に得られる経験をした後に何が起きてくるのでしょうか。

人類が今まで営んできた苦労の伴う生活から解放された時、五次元の世界を体験させていただくのです。

しかし、これが永続すると勘違いする人々が現れてきます。ここまで生き長らえた人々は、五次元世界の生活を目指して波動を上げる努力を続けるのは当然ですが、恐らく堕落して、そのような心構えを失う人々が少なからず現れてくるのではないでしょうか。

その時こそ、地球最後の時が地上を襲うのではないかと考えられます。

## ✺五次元世界の体験が始まる

地球人類がやがてアセンションするという情報を、直ぐに信じられない方がおられると思います。実際、何が起きて、自分がどう変わるのか、想像もできないでしょう。

そんな人々のために、三次元の地球が今から変わり始めるのです。どう変わり始めるのか、もうご存知の方も多いと思いますが、再度整理してみます。


まず、地上からＤＳたちがいなくなります。お金と権力で住民を支配してきた連中です。支配者側にいた人間が消えていくのです。虐げられてきた人々、犠牲になってきた人々が生き残るのです。そして、生き残った人々は、生活費を稼ぐ苦労から解放されるのです。

一定の生活費が口座に、毎月振り込まれるのです。税金もローンの返済もなくなります。さらに、電気代や光熱費も不要になっていきます。誰でも、何の心配もなく生きられる社会が到来するのです。

次の心配は、病気になることです。不治の病に倒れたらという不安が誰にもありますが、それも解消します。宇宙技術であるメドベッドが、やがて誰でも使えるようになるからです。2年以内に実現すると言われています。病気が治るだけではなく、事故で失った手足も、手術された臓器も復元するのです。髪の毛も歯も若返ります。肌の皺も消え、30代の若さに戻ります。世が安泰であれば、この世で200歳以上生きられると言われています。

自分のために働かなくても生きられ、病気の心配、老化の心配からも解放されるのです。この状態は、まさに天国と類似しているのです。三次元が五次元になったように感じるのです。

こうして、五次元世界がどのような世界かを、誰もが実感できる時が来るのです。これらのことが、遠い未来に起きるのではありません。創造主からの「聖なる9の年には、全てが成就する」というお言葉があります。その年は、2025年なのです。残り2年程度です。

これが、地球人が今置かれている状況です。嘘も偽りもありません。

これは、地球だけの問題ではありません。銀河連合を巻き込んだ宇宙計画なのです。「信じる」「信じない」の世界ではありません。知るべき情報、知って欲しい情報なのです。

今、私達の世界は三次元ですが、もうすぐ五次元意識の人々と同居することになります。同居していても、三次元と五次元意識では波動が全く違うため、やがて交流しなくなっていくと言われています。そして、次の段階として、五次元だけの地球になっていきます。三次元意識で生活していた人々が、地上から姿を消すのです。

これが何を意味するのか、何か地球規模の大変動が起きるのかもしれません。今回、ここでは触れません。

## ✺五次元世界での時間の使い方

五次元世界の意識になった時、あるいは世界が五次元になった時、どのように時間を使っていけばいいのかという問題です。

五次元世界に移動できた時、誰もが年齢を無視して生きられるということなのです。五次元世界では、時間が人を支配しないからです。

そう聞いて、「嬉しい」と実感する人は少ないでしょう。それほど多くの人々は、今まで苦労して生きてきたのです。

また、「それを繰り返すのは御免」という思いの人々が大半ではないでしょうか。働かなくていい世界と言われても、何をして毎日を過ごしたらいいのでしょうか。今まで、誰もが生きるために働き、お金を稼ぐことに全力を挙げてきたのです。それが不要になった時、どのようにして生き甲斐を見出すのでしょうか。

今回のテーマは、ここにあります。

誰も働かなくなったら、お金があっても生きてはいけません。ゴミ処理から食料生産までがストップしてしまうからです。

しかし、農家の人々の生活を見るとわかりますが、彼らはお金のためにのみ農業をしてきたわけではないのです。季節が来れば農作業をせずにおれないから、働いてきたのです。政府や農協に、不当に安いコメ価格を設定されながらも。

彼らは、生活が安定すれば、なおさら安心して農作業を続けられることでしょう。多くの人々は、働くことが生き甲斐であって、決してお金儲けを意識して働いてきたわけではないからです。

自分が生き甲斐を感じる時は、他人から感謝された時、他人を喜ばせられた時と答える人が少なくありません。人間は、我欲で生きているだけではないのです。全体の中の一員として、みんなに評価されながら生きることは歓びなのです。

こうして、誰もが持ち場を持ち、特技を生かして生きて行けば、混乱することもなく、社会は持続していきます。

発明発見をする人、創意工夫する人、価値を評価する人、芸事で人の心を和ませる人など、いろんな分野があります。

葛藤のない世界、競争のない世界、不安や恐怖のない世界、自他を比較して評価しない世界、それぞれが自分を見出し、自立し、満足できる世界を構築していくのです。他人のために尽くしたいという人はいても、他人を支配したいと考える人はいないのです。

では、なぜいないのでしょうか。そのような波動の持ち主は、五次元世界へ到達できないからです。

五次元世界になれば、神々とも意思疎通できるようになります。進化した異星人とも交流が始まります。彼らの文明は、地球人の比ではありません。未知の世界を教わることになるでしょう。

どれだけ人類の文明がそれによって飛躍するのか、それも大いなる楽しみになります。若返った人間は、結婚できる若さを取り戻しますが、結婚制度はなくなると言われています。

但し、気の合ったカップルがハウスシエアリングすることは許されるようです。子供は生まれなくなります。アセンションした子供たちは、親が育てるのではなく、社会がまとめて育てるようです。

当面、この子供たちを一人前の大人にすることに全力を注ぐのでしょう。

これらの見通しが知らされていますが、未来のことは大よその予測としてインプットしておくとして、私達が今から考えることは何でしょうか。

それは、いつの時点でも前向きであること。いつも何かに好奇心を燃やし、意欲的であることが求められるのです。

ここで誤解なきようにお伝えしますが、他人の私生活に好奇心を持つのではありません。本当に自立している人は、他人の生活に干渉しません。「人それぞれ」の生き方を認めているからです。

真実の追求に対しても、同じです。いい加減に妥協して、曖昧のまま生きるのは正しい生き方ではありません。やはり、いつも歓喜感動できる自分でいなければなりません。何に対しても、無感動、無表情、無関心という生き方は、波動を下げるだけです。歓喜を味わうことです。

喜びと歓びは、どう違うのでしょうか。一人でも喜べるものを「喜び」と表現します。「歓び」を味わうには、一人ではできないのです。歓喜する歓びには、複数が必要なのです。しかも数が多いほど、歓喜は大きくなるのです。すなわち、みんなと一体になって歓びを共有する時が最高の歓びなのです。この歓びを、何度でも味わう生き方を、今から心がけていくべきではないでしょうか。

これからの生き方として、私達は「平和、調和、歓び、優しさ、協力、豊かさ、尊敬」の中を生きていくことになるのです。

今までの世界での生き方と比べて、どれだけ生きやすい世の中になることでしょうか。今までの環境は、「戦争、不調和、大格差、悲嘆、厳しさ、競争、貧しさ、服従」の中を、一人で歯を食いしばって生きてきたのです。それが修行だと考えて耐えてきましたが、もうそのような修行は卒業したのです。

神々は言われます。「人類がもう一度、昔の生き方の中へ戻ることはない」と。これこそ、歓喜するべき世界の到来なのです。

このような世界の中で、無限の命を与えられるのです。それが今から100年、200年続くと考えただけでも、ワクワクしないでしょうか。未知の未来に向かって、真理を探究する旅に出るのです。

## ✺奴隷状態の日本人を創造主が救う

愛する日本人が、身も心も奴隷状態に置かれてしまいました。

ほとんどの日本人が眠りこけています。善悪二元性の惑星で、人類に画期的な成長を期待された創造主でしたが、これ以上時間をかけても無意味と感じられ、「二元性の学びは終了した」と判断され、地球人の次元上昇を許されたのです。死後でなければ行けない世界である五次元天国へ、生きたまま、行けるように許可されたのです。この世が五次元状態になっていくのです。

と言っても、何が何だか、今の日本人の大半は理解できません。そこで、銀河連合のアライアンスと、選ばれた地球のアライアンスに、地球を五次元に近づけるための「手助け」を指示されたのです。

地球のアライアンスの代表は、トランプ、プーチン、習近平でした。この3名がチームを組んで、地球を五次元に近づけるための作業に入ったのです。

地球を五次元世界に近づけるためには、地球に蔓延《はびこ》る悪、ディープステイトと呼びますが、彼らをまず排除する必要があります。

そこで、DS達を指導するネガティブな地球外生命体の排除から始まりました。ドラコニアン、レプタリアン、グレイなどの四次元、五次元存在の彼らを深い地下から追放する仕事は、人間にはできません。彼らの姿が見えないからです。そこで銀河連合の力を借りることになりました。

## ✺これからの日本の動き

こうして日本のDS達はクリーニングされていき、QFS量子金融システムは徐々に軌道に乗り始め、やがてRVのレートの発表、GCRが行われます。

そして、いよいよGESARAが発表されると、どうなるでしょうか。

憲法を上回る効力を発揮します。120日以内に国会議員の総選挙が行われます。今までの議員は、立候補できないと言われています。衆参議員総数は、百名以下になります。

これまで、ムサシを投票集計システムとして採用した2012年12月の衆議員選挙以降、自民党は無敗を誇ってきました。

投票締め切りの午後8時に、テレビが一斉に当選者を発表していたのです。明らかに不正選挙がまかり通っていたのです。

これができなくなります。なぜかと言えば、もうすぐQフォンが支給されるからです。これは8G世代のスマホと言われており、これが郵便局を通じて、全国民に無料で配布されます。このQフォンを使って選挙ができるようになります。

従って、今までのような不正選挙はできなくなるのです。

余談ですが、このQフォンには銀行口座も設けられており、預金の管理も行えるのです。UBIとして毎月得られる収入も、この口座に振り込まれます。

現金が欲しい時は、このスマホをATMにかざすことで得られるのです。

裁判官、検事たちは再教育を受け、新しい時代に見合った法解釈ができるようになります。汚職にまみれたダークな魂の持ち主は、排除されます。

国税庁や日銀は解体されます。DSに属していた大企業も倒産していきます。霞が関の官僚も退職させられます。2000万人以上の失業者が出ると言われています。

先にお伝えした魔法のメドベッドは、人類より5万年進んでいると言われる宇宙技術です。このベッドの恩恵を受ければ、ワクチン接種者も回復すると言われていますが、ここに重要な情報があります。

それは、心が汚れていて、魂が一定の水準まで進化していない人間には、このベッドが全く効力を発揮しないのです。アセンションに適合できない魂では、このベッドは効果がないのです。ＤＳが生き残って、追求を免れ、このベッドを使って延命しようとしても、一切効果がないのです。

波動を高める以外に、方法はないのです。各自の波動を三次元レベルから五次元レベルに上げていくことこそが、これからの生き方なのです。

他にも色々あります。反重力装置が明かされ、近い将来に車が空を飛ぶようになります。軍用基地も要らなくなります。米軍は、全て引き上げます。

本当の平和がやってきます。これらの基本的な事項は、聖なる９の年、すなわち２０２５年までに完了すると、創造主が言われました。２０３２年は黄金の時代が来ると言われています。完全にアセンションしたわけではありませんが、それに近い環境が実現できるということになります。

天国のような社会が訪れるだけではありません。今までのＤＳに支配されてきた社会が崩壊していくのです。

銀行を含めた金融業界の崩壊、産業界の崩壊、社会の崩壊という事態も並行して起きてくるのです。意識の持ち方次第で天国または地獄を味わうことにもなるのです。

この段階で、地上には五次元意識に達した人々と三次元意識のままの人々が共存していることになります。

この状態では、地球のアセンションが完了したことにはなりません。地球の意識であるガイアはすでにアセンションを終えたと言われていますが、地球の肉体の浄化は終わっていないのです。

これを終わらせるには、地上のクリーニングをしなければなりません。

地球が地上のクリーニングをすれば、地上の人間は一人も生き残れないことになります。

そんなことが、いつ起きるのか。私達人間は、どうしたらいいのか。このような情報は、まだ具体的に銀河連合から伝えられていません。

## 第12章 「自分が何者であるか」を思い出す

アセンションを迎えるに当たって、まず、自分が何者なのかを知る必要があります。

「あなたは、何者ですか？」と霊人に訊かれたら、何と答えるでしょうか。まず、自分の姓名を名乗り、年令や生まれ故郷を語り、現在の地位とか特技を話すのではないでしょうか。

しかし、残念ながら、これらは三次元の肉体に関する話に過ぎません。肉体は本質的なものではなく、百年もしないうちに消えていくものです。それを語っても、霊人には通じません。

では、いったい、何を語れば通じるのでしょうか。

名前も不要です。今回だけの一時的なものに過ぎません。あの世へ行って、戒名を名乗っても、誰も知りません。自分も忘れるくらいです。年齢も問題ではありません。財産や地位も無関係です。

いったい、あなたは何者ですか？

肉体と無関係であるとするなら、肉体を持つ前の自分を説明しなければなりません。とは言え、そんなことがわかる人も少ないでしょう。

肉体を持つ前は、五次元世界にいたのです。天上界と呼ばれる世界です。多くの皆さんは、「まさか」と思われるのではないでしょうか。

天上界と言えば、別名、天国です。そんな結構なところにいたはずがないと、誰しも思うのではないでしょうか。そんな天国にいた自分が、こんな苦労の多い娑婆《しゃば》に生まれて来るはずがないと思うからです。

しかし、神々に訊くと、本当のことのようです。天国にいた自分が、魂を磨くために、志願して、この辛い浮世の娑婆へ出てきたのです。自分の魂が一定レベルに達するまで「輪廻転生」しなければならないという「宇宙の法則」があるからなのです。創造主が設けられた「掟」、「宇宙の法則」は絶対のものです。宇宙の万物が従わなければなりません。

こうして、この世へ修業に出てきたわけですが、では、どんな目的を持って出てきたのでしょうか。

それが、実は、魂に内在する御霊《みたま》に書いてあるとのことです。自分の魂に書かれているのですが、それがわかりません。

「人事《じんじ》を尽くして天命を知る」

昔の人々は、全力を尽くして、その天命、目的を知ろうとしたのです。もちろん、生活にある程度恵まれた人々であって、生きるだけで精一杯の多くの人々は成り行き任せの人生を送ってきたのです。

「そなたは、何者か？」と訊かれた時、答えるべきは、この天命なのです。

「このような天命を持って生まれてきました。そして立派に果たしてきました」これが、あの世へ帰った時の答えになります。

自分が何者であるか。それはすなわち、「自分はこのような天命、目的を持って生まれて来た者です」となります。果たして、どのような天命、目的をお持ちでしょうか。

その内容を、所属の神に約束して出てきたと言われます。

西洋では、契約してきたとまで言われるのです。

## ✺天命を知る人々

ここで観点を変えて、考えてみましょう。

今は、どのような時代でしょうか。２０２０年早々から世界はコロナウイルスの脅威に煽られ、世界パンデミックまで宣言され、その解決法がワクチン接種にあると、国家単位で推奨されてきたのです。

ここに仕掛けられた「人口削減」というカラクリがあると知る人々は、少数派なのです。ほとんどの人々は、何も知らず、知らされず、知ろうともしないで、政府や行政の言いなりで、ワクチン接種に応じたのです。もちろん、マスコミの強力な後押しがありました。

ワクチンには、短命にする意図的な仕掛けが施してあり、当然、時間と共に犠牲者が多発していくと考えられます。それを知っていながら、国民の大多数を欺いた権力者達、国会議員や知事や官僚、学者、医者、マスコミ関係者など、多数が逮捕されていくことになります。大量殺人ですから、当然死刑になります。どれだけの人々が、この嘘の情報を流し、国民を死に追いやったことでしょうか。実に多くの人々が、逮捕処刑の対象になるのです。

２０２３年を迎えても、コロナ騒動は終わっていません。２０２２年には、ワクチンから変異したオミクロンが大流行していると宣伝され、４回目、５回目のワクチンへと誘導されました。２０２３年には、コロナの第９波が来ると医師会は警鐘を鳴らし、６回目のワクチンを奨めているのです。

いずれ、この悪人たちの仕出かした悪事が暴露される時がやってきます。真実が明かされた時、毒を注入されて、死を宣告されているワクチン接種者は、無念の涙を流すことでしょう。当事者を恨み、怒るでしょう。医者に責任を取れと、襲い掛からないでしょうか。どうあがいても、後の祭りなのです。そして、世界が元通りに戻ることはありません。多くの人々が消えていき、人口が激減していくことでしょう。5歳からの幼児にまでワクチン摂取したため、彼らが成人しても子供を産めない体質に変えられているのです。

少子化どころの騒ぎではありません。1億2000万人いる今の日本の人口は、30年以内に4000万人程度になるとの予測もあるのです。

このような状況の中で、地球はアセンションの時代を迎えているのです。

天命を持っているのは、特定の人だけではありませんが、天命に気づいた人、知った人は少数なのです。彼らは、どう脅されても、ワクチンを打ちません。

権力に従順に従うことに、嫌悪感を抱く人々もいます。

「コロナに感染して死ぬぞ」と脅かされても、開き直って、死を恐れない人々は、ワクチンから遠ざかるのです。ワクチンを打たない人は、天寿を全うできるのです。多くの国民が、何の疑念もなくワクチン接種に応じたというのに、なぜか、あなたは真実の情報を知り、ワクチンに誘導されなかったのです。そして、その中の多くの人々が、天命に薄々気づいていくのです。

彼らの持っている天命とは、すべて共通しているのです。それは何でしょうか。

「地球が次元上昇するお手伝いをします」となります。

地球独自にアセンションできないのです。地上に住む人間の集合意識が、アセンションに同調しなければなりません。集合意識がアセンションに同調した時、地球はアセンションできるのです。アセンションに同調するには、アセンションに適応した波動に、人間たちが変わらなければならないのです。

そのために、多くの人間が力を合わせて、生き方や考え方を変えて、地球の波長に合わせていく必要があります。考えてみれば、それは大仕事なのです。

アセンションという言葉を知っている人でさえ、少数です。一人でも多くの人々に、地球がアセンション到来の時を迎えていることを知らせなければなりません。そして、彼らも「アセンションしたい」という意志表示をしなければなりません。その上で、みんなで、今までの生き方を変えていくのです。生き方を変えたくない人は、アセンションを望んでも叶いません。

では、どのように生き方を変えていけばいいのでしょうか。

今までの三次元の生活は、肉体中心の生き方でした。それぞれの肉体を維持し、肉体の安全を図り、肉体の喜ぶ生き方を目指してきました。美味しいものを食べ、快適な住まいに住み、贅沢な生活に憧れました。動物の世界と同じように、生存競争に打ち勝つことが、生きる上で求められたのです。強い者が勝つ世界です。そして、21世紀になって、0・1パーセントの人々が、残りの99・9パーセントの人間を支配する社会をつくり上げてしまったのです。人間社会の進化の限界に達したのでした。

人間としての生き甲斐を見出せられない世界を構築してしまったのです。奴隷社会とも言える世界です。しかも、多くがマインドコントロールされて、奴隷であるという自覚も持てない状況に追い込まれたのです。

そして、世界人口の大量虐殺ともいうべき、ワクチンによる殺戮を企てられました。じつに多くの国民が、政府の言いなりになって、殺人ワクチンの投与を受け入れたのです。自分達に仕掛けられた運命を知ることもなく、従順に従ったのです。人間として、神が与えた尊厳も失いました。絶望しか感じられない状況に達した時、光の神々の救いの手が、差し出されたのです。

それが、地球のアセンションです。三次元世界における、学びの終了です。

では、三次元の学びから何を得られたでしょうか。

肉体中心の生き方を続ける限り、巨大な権力に従わざるを得ない社会を構築してしまうのです。人間は、肉体が主体でないことを知らなければなりません。

肉体は、肉体を動かしている意識体や心の従者なのです。肉体は主人公ではなく、意識体や魂が主人公なのです。そのことに気づかない限り、三次元の生活から抜け出せないのです。

## ✺宇宙の意志を満たす

地球が五次元世界へ変貌しようとしている時、地球と共に生き残るつもりならば、自分の生き方を五次元世界にマッチするように変えざるを得ないのです。

さて、どのように変えていけばいいのでしょうか。

この宇宙は、三次元の地球人間が中心ではなかったことに気づくことです。人間こそが、実存する唯一の存在と考えてきましたが、実は目に見えない霊的存在が多数実在したのです。

霊的存在とは、宇宙創造主であり、宇宙創造の神々です。人間は神の子であり、神によって産み出された存在なのです。

その人間が、「見えないものは存在しない」という考え方の下に、傲慢な生き方を続けてきて、ついに失敗したのです。

見えざる世界に意識を向け、感謝し、そのご意志を理解し、ご意志に従って生きない限り、人間のさらなる進化は得られないことが明確になったのです。大宇宙の意志は、明確なのです。万物が平和で調和され、愛に満たされた状態で、絶えず進化を続けることだったのです。

人間社会の利己主義、個人主義、自己中心、我欲を競う生活からは、何も永続しないことを学ばされました。個人の幸福の追求は、他人を不幸にする状態では得られないことを知ったのです。個人の前に全体を考えなければならないのです。全体の調和の中でこそ、個人の幸福も得られるのです。

富や財力が偏り、一部に権力が集中し、他を支配する社会では、宇宙の目的は果たせないのです。行き詰まった社会からは、停滞しか得られず、停滞からは、宇宙の求める進化を果たせないのです。

宇宙の意志を満たした世界を構築する必要があります。愛と平和と調和です。そのことをしっかり理解した人々が、参加して、生活していく世界が次の世である五次元世界なのです。

自分が何者であるかに気づいた人々が、集まって、力を合わせていくのです。新しいユートピアづくりに参加していくのです。

生存競争による苦労や失敗、落胆、妬み、恨み、怒り、悲しみなどのネガティブな感情のない世界を目指します。共通の歓び、他を喜ばせる喜び、歓喜、感動に満ちた世界を目指していきます。

## ✺「自分が誰であるか」を判断せず、自分を受け入れる

さて、その時、人々のマインドに必要なことは何でしょうか。

「自分が誰であるか」を判断せず、自分を受け入れることです。

これは一見、「自分が何者であるかを思い出せ」という、これまで述べてきたことと矛盾しているようにも思えます。「自分を思い出せ」と言いながら「自分が誰であるかを判断す

るな」とは、どういうことでしょうか。

実は、この言葉は、創造主が言われているのです。

これまでの「自分」は、特に霊的な自分を意味していましたが、ここでいう「自分」は、肉体的な部分を言っています。肉体の自分は、自分を意識しないでは生きられなかったのです。自分の肉体を守るのは、自分以外にいないからです。

しかし、段々とその思いがエスカレートして、自分さえよければいいという段階へ進んでしまいました。この宇宙は、自分中心、自分のためにあるような錯覚をする人も現れました。他と協調するという思いが全く欠ける人が、少なくないのです。

教育レベルが高くて、他の模範にならなければならないような人々が、全く社会との協調心がないのです。協調するには、調和の心がなければできません。社会のことを一切考えないで、自分や家族、身内のことだけを考えて総理大臣になった人物も現れる始末です。まさに、世も末期だと思わせてくれました。

権力を自分のために使うという人物が社会のトップに居座れば、世の中は混乱していきます。こんな状態が、日本では20年以上も続いたのです。

このような情けない世を正そうとする人物が、昔はおりました。彼らは、命を賭けて戦いました。結果は、死刑や切腹など、敗北のように見えましたが、その行動が人々の胸の中にインプットされ、時代を動かすトリガーになったのです。

　このような動きが見られなくなったのが、現代、この21世紀になってからなのです。誰が悪いと、個人を責めても意味がありません。先の戦争時と同じなのです。関東軍が、中央政府の指示に従わずに、中国を奥地へ奥地へと攻め入り、最初は一方的に勝利したものの、やがて強い抵抗勢力が生まれ、泥沼に陥っていったのです。日本では「勝った、勝った」と提灯行列までして浮かれていたのです。間違った集合意識が成長していきました。

　アメリカとの開戦など、あり得ないというのが、当時の常識でした。しかし、国民の浮かれた熱気は、正当な意見の持ち主を攻撃し、命まで狙う愚か者がいたのです。国民の流れは、敵なしの思いに駆られ、アメリカ開戦に導いていったのです。米国ルーズベルト大統領は、英国チャーチル首相の要請を受けて参戦したかったのですが、アメリカ国民は欧州へ出掛けてまで戦争する気分がなかったのです。そこで、日独伊の3国同盟を機に、日本に参戦させて、国民の気分を変え、ドイツへ攻め込む作戦を立てたのです。

　トラトラトラ……真珠湾攻撃は、奇襲攻撃で、山本五十六率いる日本海軍は大勝利と宣伝されましたが、ルーズベルトは、暗号解読して、全て知っていたのです。わざと最後通告を受理せず、真珠湾の防備を強めず、日本のやりたいようにやらせて、自国民を犠牲にしたのです。そして、日本軍の不意打ちを宣伝したのでした。

しかし、密かに後の戦力になる航空母艦だけは、湾外に移動していたのでした。半年後のミッドウエー海戦から日本は敗北の連続でしたが、誰も負けたとは言わず、「勝った、勝った」と報道して、国民を欺きました。

この姿勢が、今の21世紀になっても続いているのです。

ワクチンが原因による死亡者が、当初１４００人以上も出ても、マスコミは報道しません。注射後、寝たきり状態になった人が６３００人以上いるのですが、これさえ報道しないのです。そして、コロナによる死亡者ゼロの若者達や5歳児までにワクチンを打つように誘導しているのですから、もはやまともな話ではありません。

今や、太平洋戦争が日本国内で起きていたのです。全面無条件降伏まで突き進むのでしょうか。

なぜ、目覚めないのでしょうか。気づこうとしないのでしょうか。

「自分は間違っていない」。そう頑なに考えている人々が多いからです。自分の立場や知識、常識を信じて疑いません。

小さな情報範囲しか与えられていないにも拘わらず、テレビや新聞だけで正しい情報を把握していると思い込んでいるのです。自分を過信しています。謙虚に、自分の心を無にすれば、見えないものが見えてくるのです。

こうして、「最後の審判」が行われているのです。

アセンションまで辿り着けない人々が、ワクチンを打って、何も違和感を持たないのです。周りの家族や目覚めた人々が、真剣になってアドバイスしても、効果はありません。話が逸れましたが、来るべき五次元世界では、自分が誰であるかを意識する人々は、招かれません。自分は誰でもないのです。

「自分はあなたであり、あなたは私である」という心境が必要なのです。

自己を顕示したい、自分の存在を認めさせたい、自分の主張を通したい、このように、自分を強く意識するレベルを卒業しなければなりません。「自他一体」の中の自分なのです。自分を意識しないといっても、自分の個性を埋没させることではありません。お互いの個性を認め合うのです。

躍動する自分が期待されます。自分だけが躍動するのではなく、みんなが躍動するのです。

## ✹目指す「ユートピア」

さて、次に目指すユートピアとは、どういう社会なのかを考えてみます。

ユートピアとは、アセンションした世界であり、ミロクの世界でもあります。波動は五次元に匹敵しますが、死後の天国ではありません。この三次元世界を五次元の波動にした世界と言えばいいでしょうか。

ユートピアとは、生きとし生きるものが等しく価値あると思い合える世界です。弱者がいれば、補い、助けようとするのは、当たり前です。生きるにはエネルギーと食料が必要ですが、それらは無条件で与えられる社会です。住宅もその都度、欲しいものが与えられます。

自分の意志があれば、何でも行動が許される世界です。他人を愛するのも自由です。配偶者がいるから、他を好きになると不倫になるというような制約はありません。もちろん、結婚制度はなくなるようです。

この世と違うのは、全ての行動が自己本位ではないということです。いつも、自分と相手、関係者の喜びにつながるものでなければなりません。

自己犠牲も否定されます。今の世のような利害関係はありません。みんなが利するように考えるからです。害を感じる人はいない世界です。

このような世界が、やがて実現すると考えられます。

但し、自動的に実現するわけではありません。そういう社会を構築しようとみんなが考え、行動するからです。なぜ行動するかと言えば、そのような生き方が自分の使命だと考える人ばかりだからです。

使命を果たす中で、カルマは清算され、魂が磨かれていくのです。

このようなユートピアを構築するために、私達は地上界に生まれてきたのですが、そんな使命を帯びていることを思い出す人は、今まで一部に過ぎなかったのです。

多くの人々は、その時の環境や習慣、常識や教育に影響されて、まず自分を守ろうと考えました。自分が自立しない限り、何もできないと知ったからです。

能力や気力に応じてエネルギーを発揮するうちに、自分を中心とした世界を築こうと考え始めました。欲望には限度がありません。競争心を燃やすうちに、他と協調することより勝利することに優越感を味わうようになりました。

こうして、世の中は自己中心の我欲が支配する世界に加速して行きました。社会の規律や人間性が重視されることも薄れていきました。何でも自分の思い通りにすることが最高の生き方だと考え始めました。他との協調やバランスを考慮しない人々が増えていく中で、より富を集中させ、その莫大な富を背景に権力を獲得しようとする人々が出てきました。気づけば、ほんの一握りのグループが世界の住民を支配する処まで来てしまったのです。

電磁波を発生させるテクノロジーの発達により、電磁波に吸い寄せられるようにしてネガティブな地球外生命体が地球に関心を持つようになりました。

人類よりも2000年以上も進化した技術を持つ彼らに、人類は太刀打ちできません。彼らの支配下に置かれる人々が出てきました。ギブ&テイクで彼らの技術を受け取りながら、地球人（児童、幼児）を彼らに提供する支配層がいたのです。

このような状況では、支配される側の人間に勝ち目はありませんが、ここへ来て光の地球外生命体が人類の援助に参加されたのです。銀河連合の方々です。

このような情報は、急に聞いてもすぐ信じられない人々が多いことでしょう。まともに生きようとする人々、自分は助けられると信じている人々には安心感がありますが、そうでない人々には不安が増幅されていくのです。

今は、その2極に分かれつつあるのです。

不安を募らせる人々には、宇宙を意識したり、未来を確信したりはできません。その日暮らしの毎日を過ごすことになります。

「あなたには、生まれて来た使命がありますよ」と言われても理解できません。まさに暗闇を生きることになるのです。不満や苦情ばかりを言いながら、時間を過ごすのです。

一方で、未来を信じる人々は、自分には使命があることを感じることができます。その使命とは、先に述べた「地上をユートピアにする」ことなのです。

地上のユートピアを考える時、単なる理想社会ではありません。大きな宇宙の意識がバックボーンになっているのです。

それは、「ワンネス」という言葉で象徴されるように、「自他一体」の世界という考え方です。自分だけ、自分だけは……という思いは皆無なのです。自分と他人は一体なのです。他を支配する、利用するなどの思いは、生まれようもない世界です。

そういう思いに到達した人でないと、この世界には招かれないのです。ユートピアをつくれないのです。

「ユートピアを地上に……」これが使命を感じる人々の合言葉です。

アメリカのトランプ大統領と光の仲間たちが、この世をユートピアに変えようと、本気になって動き始めました。ＧＥＳＡＲＡは、まさにユートピアの世界を目指しています。今までの過酷で苦しい世界を体験した人々から見れば、不可能に思える世界です。不可能が可能になる時代を迎えたのです。

銀河連合などの地球外生命体も、地球のアセンションを応援してくれているのです。銀河連合は、プレアデス、オリオン光の協議会、アンドロメダ、シリウス、アークトリウス、ノルディックなど２００の惑星の住人で構成されています。

## ✺目標を持つ幸せ

「万物は進化する」という宇宙の掟があります。これは、停滞を許さないのです。人間も、時間と共に進化を続けなければならないのです。

進化するためには、目標が必要になります。すなわち、永遠に人間は「生きる目標」を持ち続けなければならないのです。一時的に留まることは許されますが、それは一時的なのです。そういうことを考えると、私達は、今もこれからも目標を見出すことが重要だと感じるのです。

さて、ここで読者の皆さん、あなたの目標は何でしょうか。即答できる人は幸せな人です。即答できない人は、考えてください。

今、この本を読んでおられる「あなた」は、地球のアセンションを成功させるために、ボランティアとして、その下準備にやってきたのだと、創造主が言われます。そうであれば、今の私達の目標は、「アセンションを成功させること」しかないのです。いかにしても、アセンションを成就させることなのです。

読者の皆さんに、覚悟はおありでしょうか。何かに迷いがあるでしょうか。迷いがあれば、すぐ解決しなければなりません。

さて、どんな迷いがあるのでしょうか。

アセンションに貢献したいと、セミナーのスタッフを買って出た人が、ある日、ネットワーカーに出会い、月々の収入が1千万円に達すると聞いて、それに魅了され、自分もそちらに全力投球したいと言い出しました。何よりも事業を成功させたいと思ったのでしょう。

しかし、今までのように、大きな利益を上げるための仕事をする時でしょうか。そんなことをしていていいのでしょうか。

お金以外に何があるでしょうか。

メドベッドが普及するまでに、病気にならないようにしたいと、健康に異常に関心を持つ人もいます。健康情報を集め、サプリメントに凝るのです。その気運に乗じて、会員を集め、健康食品を販売して、収入を得ようとする人もいます。

さらに、新興宗教から抜け出せない人もいます。

アセンションの時代が来るのです。宗教の時代は終わるのです。どうして、教祖やリーダーの洗脳から卒業できないのでしょうか。

あの世で天国へ行ける切符が所属する宗教だと思うから、離れられないのです。そういう人々は、同じ思いの人達が集まるパラレルワールドへ行きます。決して、五次元天国ではありません。

アセンションの目標を切り離して、今までの生き方の中から目標を掲げることは、無意味ではないでしょうか。今は、何を優先させるのかが問われるのです。本気になってアセンションを願い、そのボランティアを自覚するなら、何よりも、その活動を優先させるべきではないでしょうか。

しかし、これらの活動には、強制は一切ありません。どこまでも本人の自由意志であり、その意志が尊重されるのです。

宇宙から注がれるフォトンエネルギーも強くなっていきます。緊急放送が行われれば、人類を支配してきた人々の秘密が明かされます。人類の支配者たちが3千年間隠してきた機密情報ですから、驚かない人はいないでしょう。信じられないことが事実として報道される可能性が高いのです。

その時、全ての人々がまともに理解できるとは限りません。パニックに陥る人々も出てきます。理解できないからです。

そういう人々の理解を手伝うのも、ボランティアの仕事になります。

## ✸無限の時間と空間

私達は、宇宙から永遠の時間を与えられています。

時間だけではありません。宇宙を意識した時、無限の空間も与えられているのです。地球が五次元になったとしても、地球だけが生きる場所ではありません。五次元以上の惑星は無数にあるのです。

どの惑星へ生まれていくのかも、制限はありません。自分の意識の進化に応じた惑星へ生まれて行けるのです。この人間の可能性の大きさは、「無限」と言い切れるのです。

時間と空間を無限に与えられているという自覚を持って、自分の生き方を決めなければなりません。すなわち、生きる目標や目的のない状態では生きられないということなのです。目的のない人生は生きられないし、耐えられないのです。

宇宙の未来を描いたフィクションや漫画があります。それらを思い出して、何となく未来の姿を思い描ける人もいるでしょう。

筆者は、カテゴリー9という最高レベルの星へ招かれた唯一の地球人であるミシェル・デマルケ氏の手記を読んで、最高度に進化した惑星での生活ぶりをイメージできます。最高レベルの惑星ですから、すぐ一直線にそこへ行けるわけではありません。「段階の法則」が宇宙にはあるからです。

自分の進化の段階を踏んで、徐々に高みを目指すことになります。

## ✺日本人の霊的力

日本人は、古代から神々と深いご縁があります。ルシファーが日本名の神であったということからも、悪神も日本に深く根ざしていたと考えられるのです。サタンを求めて、ネガティブな地球外生命体もやって来たと考えられます。地中に空間を設けて、棲みついたのです。

目に見える敵は、トランプさんやプーチンさんが滅ぼしてくれていますが、目に見えない霊的な悪神達は、日本人しか滅ぼすことができないと言われています。

では、どのような方法で悪神達を滅ぼすことができるのでしょうか。

悪神に改心して貰うには、日本人が波動を高め、祈りの波動を送る以外にありません。武力で攻撃できるはずもありません。

個々の日本人の波動を高めるには、日本人が目覚めなければなりません。

この地球に、争いのない、誰もが生き生きと生きられる五次元世界を実現しようと、強く願う必要があります。

日頃から神に対する信頼の強い日本人の祈りは、強い力を発揮するのです。

みんなで、五次元世界の地球を創造したいと思うことが必要です。「悪の役割は終わった」と、伝えましょう。

DSと言われる人々は、日本の政治からマスコミ、製薬業界、医学界、教育界など、自分たちの利益のみ求めて、国民を犠牲にしてきたのです。その真実の姿を知ることも大切です。知らなければ、あるべき姿をイメージできず、悪に改心を求める意欲も湧いてこないからです。真実を知って、悪のない世界をイメージし、祈りましょう。

神界からの情報では、ルシファー・サタンは、もう存在しません。ルシエルという偉大な天使に戻られました。悪を育てるというお役目が終わったからです。日本神界でも、厳格な神である国常立太神は、一時、神々から疎んじられ、3000年間封印、幽閉を余儀なくされていたとのことです。

その封印が解けてお出ましになられたのが、出口なお様に出された「お筆先」だったのです。明治25年のことになります。

今、世界に悪影響を与えている悪神は、ルシファー・サタンの手下たちなのです。

## ✺天命を知って「人事《じんじ》を尽くす」

私達は、「人事を尽くして天命を知る」と教えられてきました。

古人たちは、滝に打たれたり、座禅したり、荒行をしたりしながら天命を知ろうと努めてきたのですが、今となっては、その必要はなくなったのです。

天命は明確だからです。従って今は、天命を果たすために、最大限の人事を尽くす必要があるのです。すなわち、「天命を知って人事を尽くす」のです。

では、私達は、生まれる前はどこにいたのでしょうか。

すでにご存知だと思いますが、その答えは、誰もが五次元世界、天国にいたのです。今回生まれて来たのは、自分の魂を進化させるために、所属する神に生まれる目的を明確にして、許可されて出てきたのです。

志願した目的は、魂に内在する御霊《みたま》に刻まれていると言います。その中身を知っている人、思い出す人は稀だと思われます。五次元から来たことさえ、忘れています。これは、産道を通る時、記憶を消されるからです。記憶を消さないと、三次元の荒波に耐えかねて、すぐ五次元に帰りたくなってしまうからです。

現代になって日本に生まれて来た私達の天命とは何でしょうか。

全員が同じではないのですが、この書物を読むような人々の天命は、明確なのです。今はアセンションの時代だからです。

地球がアセンションする時、そのお手伝いをさせて欲しい。そして自分もアセンションしたいという目的で生まれて来たのです。

惑星がアセンションするのは、50億年に一度と言われています。それくらい、稀有なチャンスに巡り合ったのです。ようやく、地球のアセンションに、創造主の許可が降りたのです。

地球がアセンションする時に歩調を合わせて、地上の人類もアセンションさせていただくのです。またとないチャンスなのです。

アセンションするためには、目覚めて、ライトワーカーになる必要があります。五次元レベルまで、自分自身の波動を高める必要があります。

ちなみに、ライトワーカーとは、光のために働く人という意味になります。日本語で言えば、光の天使となります。光の戦士とも言います。

天使の仕事とは、多くの人々をライトワーカーに導くことなのです。自分一人がライトワーカーになっても、アセンションは起きません。地球人が一定数だけ、目覚める必要があるのです。目覚めた人は、自分の波動を高めると同時に、多くの仲間を目覚めさせるのです。これが「天命」なのです。

「天命」を知って、人事を尽くすのです。人事を尽くすとは、やれることは何でもやるという意味になります。

天命を知ったからには、人事を尽くさなければなりません。天命を探している時ではないのです。

# 第13章　これからの「生き方」

急激なスピードで、私達が住みなれた三次元地球が変化していきます。あの世の天国と言われた五次元世界のような状態に、地球が進化すると伝えられているからです。今のまま、この地球の姿を維持している期間は、残りどれくらいでしょうか。

地球が大変化するのは、百年も先ではありません。私達が生きている間、健在なうちに起きて来るかも知れないのです。

信じられない話かもしれません。が、地球始まって以来のことが起きようとしているのです。

もっとはっきり言えば、この地球は、間もなく姿を消すのです。

地球が消えるという意味ではありません。三次元の地球が消えるのです。

人類が営々と築き上げた地球、高層ビルが立ち並び、家屋があり、発電所、工場、鉄塔、病院、教会、寺院、高速道路、鉄橋、石油タンクなどが全て姿を消すのです。

地球が新地《さらち》になるのです。当然、地上で無事に生きておれる空間はありません。従って、一時的にでも、地球から避難する必要があるのです。

では、人類の力で避難できるでしょうか。


すでにお伝えしたように、地球のアセンション完了までを、五章でできている一冊の本にたとえるならば、ＥＢＳ緊急放送が行われた段階が第二章に突入した時だそうです。

これは、創造主から知らされたものですが、第二章が始まれば、アセンション全体の40％が終わったことにもなるのです。そして近い将来、人類が地上から避難しなければならない状態を迎えた時は、アセンション第四章に突入したことになるのではないでしょうか。


地球がアセンション第四章を迎える時、アセンションを希望する人で、五次元波長に同調しようと努力している人を、銀河連合は助けるのです。

もちろん、この時は、着の身着のままの状態です。家、土地、車、お金や金塊などの財産など、何ひとつ持っては行けません。

このような大きなできことが、近い将来起きてくるのです。そのことを、しっかりと理解した上で、これからの「生き方」を決めなければなりません。

ＲＶやＵＢＩでお金が入り、メドベッドで健康が確保され、天国のような気分を味わうのは有り難いことですが、それが永続するわけではないのです。一旦、三次元地球から「おさらば」しなければならない時が来るのです。

読者の皆さんは、そのことがおわかりでしょうか。

## ✺今までの人類の「生き方」

人間は「肉体だけが大事なもの」とされ、肉体に宿る精神的なもの、心の持ち方などは、ほとんど考えずに生きてきました。

物質中心の生き方を追求してきました。物質的な文明は進歩しましたが、他との競争を続けていけば、行きつく先は他国や他の民族、グループとの戦争になります。戦争に勝つための技術開発は、目ざましいものがあります。

さすが、神の子、人間と言われるだけあって、創造神のレベルに近づくまでの発明、開発を成就するところまで来ました。そして、核兵器に辿り着きましたが、これを制御する方法を知りません。この状態では、自ら造った兵器で自滅するしかない状態なのです。

科学者が造り出した核兵器を、どのように制御したらいいのか、わからないのです。今まで、核を保有する国の大統領が核のボタンを押す権限を与えられていますが、神のような波動を持った人間は見当たらず、欲望に左右される、極めて動物的な我欲の強い人間がその座を占めていたのです。

彼らが、他国との利害関係や、自分自身の名誉、プライドを守るために、いつボタンを押すとも限らないのです。核保有国のうちの一人のトップが核のボタンを押したら最後、地球は報復合戦によって自滅するのです。

こんな状況を神々は、全てご存知です。光側の地球外生命体も知っています。何とか気づかせて、人間の生きる方向を変えさせたいと願っておられるのです。

宇宙には「段階の法則」があって、人間が悟らない限り、外部から教えたり強制は一切できないようになっています。「何とか、気づいて欲しい」というのが、創造主はじめ神々の願いなのです。進化した地球外生命体も、真剣に監視を続けてくれています。人間世界から、助けて欲しいと「ＳＯＳ」を出せば、いつでも援助できるように、この太陽系、銀河系に30万機を超える宇宙船を周回させてくれているのです。

このような情報があっても、権力に酔いしれる人間は、見えない世界を信じていませんから、全く聞く耳を持ちません。

権力に縁のない人間であっても、気づき始めて行動を起こせば、それは大きな力になっていきます。しかし、人類はまだまだ見えない世界を信じようとしません。異星人の存在を認めず、神々の存在を知ろうとしません。見えない世界は、宗教やオカルトの世界だと思い込んでいるのです。

モーゼの時代、仏陀の時代、イエスの時代と続きましたが、彼らは人間に、「この世は見える世界だけではない」ことを教えようとされました。イエスは、常識ではあり得ない奇跡を見せることによって、それをわからせようとされたのですが、この奇跡でさえ信じることができず、最後にはイエスを磔にして、その場で奇跡が起きることを期待したのです。どこまでも愚かな人間ですが、イエスはそれさえも許して宇宙へ帰られたのです。その方が、今では銀河連合のリーダーをされながら、地球人類を見守っておられるのです。ちなみに、今のお名前は、サナンダ・クマラと申されます。

## ✺自分の役割に気づき始める

２０２０年から起きたコロナ騒動で、この宇宙の真理に気づく人々も出てきました。いわゆる、役割を持ってこの世に出てきた人々から、気づき始めたのです。

この書籍を読んでおられる読者の皆さんの中にも、そういう方がおられます。自分は何らかの役割があって、この世に出てきたのだと感じる人々です。何かをするために、この世へ出てきたのだと考えるのです。そういう人々が少しずつ増えてきたのです。

そうは言っても、何をすればいいのだろうと考えてしまいます。

何かの役割が自分にはある。そこまではわかるのですが、それでは何をすればいいのかがわからない人々です。

地球が次元上昇という大きな変革を迎える段階に入ってきました。そのために、宇宙から放射されるエネルギーが変わってきたのです。太陽光線のエネルギーも強化されてきたのです。当然、人間にその影響が出てくるのです。

では、どんな影響でしょうか。自分の役割に気づき始めるのです。

変化するエネルギーの影響を受けて、「何をするために生まれて来たのか」と考える必要がなくなっていくと言われています。自分のやるべきことが、自然にできるようになっていくそうです。そして、一人ひとりがやっていることに満足できるようになると言われています。

本当にそうなったら、何と素晴らしいことでしょうか。

この世で自分がやるべきことが明確になり、それをやろうとする自分がおり、それをやりながら満足感を味わえるのです。そうなったら、毎日が生き生きとしてきます。

宇宙からのエネルギーが変わることで、人間の世界に隠されてきた真実が、どんどんと明かされるようになっていきます。3千年間に及ぶ人間世界の権力が崩壊していくのです。権力で覆い隠してきた真実が明らかになってくると言われています。

2023年には、まずそのような現象が起きるのです。それは、驚くべきニュースになると言われています。このことは、世界緊急放送EBSとして数年前から銀河連合からも知らされていたのです。

## ✳「創造主と繋がる」生き方

人生を航海にたとえるなら、私達は、広い太平洋を目的地に向かって航海しているようなものです。無事、目的地に到着するためには、羅針盤が必要になります。羅針盤がない時代であれば、何か目印になる、動かぬ星を見つけなければなりません。それが北極星でした。そのような存在がなければ、目的地に着ける航海は不可能なのです。

今までの人類の歴史の中で、実に多くの人々が、自分で目的地を定め、航海を続けてきました。無事に、目的地に到着した人もいるでしょう。

しかし、多くの人々は、目的地を定めることもなく、思いつくままの航海をして、どこかの時点で息が切れ、人生という航海を終えた人々も多かったのです。目的地を定めた人でも、そこへ辿り着く方法がわからず、結局は目的地へ到着できませんでした。

こうして、実にもったいない時間の浪費を繰り返してきたと言えるのです。21世紀に生きる私達は、確実に目的地を定め、そこへ到達する方法を知っていなければなりません。

航海における北極星に代わる存在が、人生においては創造主だとお気づきではないでしょうか。すでにお伝えした、銀河連合から与えられた5つの教えの中のひとつに、「自分の最も高次元、神聖な創造主の意志に繋がり、それに従っていくこと」というのがあります。それぞれの人生は、誰しも明確な目的を持ち、それを所属の神に願い出て、認められてこの世に出てくると言われています。何の目的もなく、ただ偶然にこの世に誕生する人はいません。

ただ、生まれてしまうと、せっかくの記憶が消されて、周囲の環境や習慣、五官に左右されて、神との約束を思い出せなくなってしまうのです。

自分の生まれて来た目的、使命、天命を知るために、昔の人々は修行したのです。滝に打たれたり、座禅を組んだり、千日間、ほぼ不眠不休で荒野を歩く修行までありますす。仏になることが目的と定めて、難行苦行に挑みますが、誰もが成し遂げられるものではありません。

21世紀のこの時代、もう難行苦行する必要はなくなりました。大きな人類の目的、目標が明確になっているからです。

それは何か。読者の皆さんは、すでにご存知でしょう。

21世紀は、地球始まって以来のアセンションの時代なのです。目覚めた人々に、創造主が声を掛けられ、「そなた達は、地球のアセンションのボランティアに来たのだよ。下働きに来たんだよ」と言われているのです。

ここまで言われても、「自分が生まれて来た目的がわかりません」と言えるでしょうか。目的は、誰もが明確なのです。

では、地球のアセンションのボランティアとは、何をするのでしょうか。

地球ガイアは、人間の助けなど不要で、すでに人間より早く五次元密度に移行しています。しかし、地球の肉体物質を浄化して、初めて地球丸ごとの次元上昇が完成するのです。

そのためには、「地上の人間の次元上昇」が必要になります。地球だけが肉体の浄化を図れば、地上の人間は奈落の底へ突き落されることになります。それを避けたいと、ガイア意識は望んでいるのです。人類の目覚めを、「辛抱強く」待ってくれているのです。

人間が目覚め、波動を五次元レベルまで高めることが、アセンションする人類の目的になります。

これを達成するには、どうしたらいいのでしょうか。航海の目的は、明確になったのですから、あとは、どうやってそれを達成するかという問題です。

その答えは、皆さん既におわかりのように、「創造主につながること」です。創造主につながるとは、「創造主の意志に繫がること」です。

では、その創造主はどこにおられるのでしょうか。

神社には、いろんな神々がおられると考え、お参りする人は少なくありませんが、創造主をお祀りした神社はありません。どうしたらいいのでしょうか。

ここで思い出して欲しいのは、21世紀になって、初めて人類、特に日本人に伝えられた、秘密の教えがあることです。今までは、誰も知りませんでした。

人間は、肉体だけでなく、意識体があり、魂が在ることは、すでにご存知でしょう。その魂の中に、創造主がご自身の光の一滴を入れられたということを、初めて知らされたのです。弘法大師もイエスも、そのことを教えませんでした。

それを教えられたのは、国常立太神でした。いよいよアセンションしなければならない時が近づいている、この時になって、大事なことを教えられたのです。

創造主が、どこにおられるか、これで皆さんもおわかりでしょう。

各自それぞれの魂の中におられるのです。

魂のないクローンや、この世で魂を奪われた人は、該当しません。生まれて来た時のままの魂を持っている人に限られるのです。

自分の魂の中に、創造主の光が内在されているのです。創造主とつながるには、自分の魂と意識体がつながればいいのです。

魂とつながることを、ハイヤーセルフと繋がるとも言います。

ところで、「創造主の意志につながる」という場合の「意志」とは何でしょうか。

すでにお伝えしてきましたが、この広大な宇宙を創造された、創造主のご意志とは何でしょうか。

それは、慈愛、調和、進化なのです。この思いの中に、平和も含まれます。

創造主のご意志に従っていくのが、人間の波動を高めていく秘訣なのです。これ以外にありません。個人的に、努力目標を定めて、難行苦行したとして、創造主のこの思いを満たすことができるでしょうか。

断食、絶食、不眠不休、これらの苦行と、創造主の3つのご意志と繋がるでしょうか。繋がりません。

こうして、人間は、効率の悪い、無駄な努力をしてきたとも言えるのです。自己満足に過ぎなかったのかもしれません。

## ✹エゴの克服

この段階になれば、誰しも、確実に波動を高めて、五次元密度に適合できるように前進しなければなりません。

では、創造主のご意志、思いを満たす場合の障害とは、何でしょうか。

慈愛と調和の妨げになるもの、それは、我欲なのです。エゴです。エゴは、どこから来るかと言えば、自分の肉体から来るのです。肉体を維持しようとする本能、さらに、快楽を求める五官の働きも、大きくエゴに影響します。肉体がある以上、エゴをゼロにはできません。

エゴの主張は、状況によって変化します。他との関係が生まれるからです。他との関係がない場合であれば、エゴは問題になりません。

自分のエゴを、どの場合に、どのように発揮したら許されるかというのは、結局のところ、バランスの問題、調和の問題なのです。

調和のとれたエゴの発揮は、創造主のご意志に反することはありません。今までの人間のエゴは、使い切れないほどの財産、お金、食料、何でもかんでも独り占めしようとしてきたのです。

さらに、他人を犠牲にしてでも自分の欲望を遂げようとするのも、許されないエゴになります。


21世紀の今日、堕落した支配層が何をしていたか。最も許されないのが、児童の人身売買、小児性愛、臓器摘出、アドレノクロム製造など、幼い子供の命を奪って犠牲にしてきた行為になります。しかも、表面的には偽善者ぶって、振る舞ってきたのです。

英国王家エリザベス王女も、そうでした。国民の信頼を集めながら、子供を生贄にして、生き血を飲んでいたのです。表の顔と裏の顔が違い過ぎるのです。これこそが、偽善であり、神を冒涜するものなのです。

悪人が、悪人を装いながら悪を実施するのはまだ許されるとしても、善人ぶって悪を実施することこそ、神への冒涜になるのです。


これからは、加速度をつけて、真実が明かされていきます。

自動車事故に見せかけて、王室に暗殺されたはずのダイアナ王妃の健在が密かに報じられました。さらに、驚くことに、1963年11月22日にテキサス州ダラスで暗殺されたケネディ大統領が、健在だったというニュースです。残念ながら、彼は昨年2月に102歳で亡くなりましたが、彼が100歳の時、トランプ氏と再会していたのです。

こんなことが現実に起きるということは、まさに今回のアセンションに向かう地球の大変革は、人間の所業ではないということに気づかされます。

まさに、創造主のご指示による銀河連合、神々を巻き込んだ、不思議なことが現実化しているのです。今までの地球の歴史では、何でも勝者が正しく、嘘もまかり通ったのです。日本の社会も、まさにその通りでした。

企業経営者や財界人、政治家、官僚、役人達が、甘い汁を吸ってきたのです。偽善者が天下を取れたのです。

しかし、いよいよ地球も大変化、大浄化に向かい始めました。もう停めることは、誰にもできません。偽善が排除され、嘘が通じない世界が到来しようとしています。創造主の意志である「愛と調和と進化」を追求する世界に変わっていくのです。

## ✺銀河連合との合言葉

銀河連合を意識する時、合言葉があることをご存知でしょうか。

毎日、夜明けの空に向かって、あるいは、夕方の星空に向かって、宣言するのです。「アファーメーション」という言葉があります。なりたい自分を言葉に出して、宣言すると、やがてそれが実現していくという教えです。

それと共通するのですが、銀河に向かって宣言すれば、それが銀河連合に通じる合言葉になるというのです。

そのコトバとは、「私は光、私は愛、私は真実、これが私です」となります。

この言葉を音声にして、空に向かって宣言するのです。毎日です。そのことで、何が変わってくるでしょうか。

名古屋で、ある夫人がマンションの1階へ降りて、この言葉を発したら、実際に宇宙船が3機現れて、乱舞して見せてくれたという映像があります。銀河連合が応えたのでした。そういうことは、いつも生じるわけではありませんが、銀河連合の存在が明確に自覚できることは確かなのです。

では、「私は光」とは、何でしょうか。

「私は闇を照らして明るくしていきます」とも取れますし、「私は絶えず光を求めて生きていきます」とも取れます。

さらに、光は一瞬に通り過ぎることから、「私は、物事に執着しません」とも取れます。

次に、「私は愛」とは何でしょうか。

創造主の愛は慈愛を意味しています。どこまでも求める愛ではなく、与える愛になります。相手の立場で考えるのが愛です。他人の失敗を許すのが愛です。

しかし、相手の間違いを許すのは、果たして愛でしょうか。間違いとミス（失敗）は違います。ミスは、本人が意図的に行ったものではないのです。そういう失敗は、許されなければなりません。しかし、してはならないことを、意図的に計画的にやった場合は許されるでしょうか。許すのが愛でしょうか。

この辺を勘違いしている人がいるようです。愛とは、厳しい一面があるのです。それは何か。相手の意図的な間違い、してはならないことを侵した時、それを許すのは正しくないのです。

創造主も明確にしておられます。創造主の掟である「宇宙の法則」を侵すことは、神でさえ許されないのです。それが、創造主の愛なのです。「私は愛」と宣言したからと言って、間違いを許すのは愛ではないということです。

さらに、「私は真実」とは何でしょうか。

「私は、どこまでも宇宙の真実を、追求していきます」との宣言でもありますが、もっと重要な部分は、「私は意図的な嘘はつきません」という宣言になります。安倍政権で安倍総理が国会で見せた嘘偽りの数々、あれこそ歴史に残るものでした。

国会とは、言論の府と言われてきました。自分の論理の正当性を表現するものは、言葉しかないのです。相手を説得するのも、言葉しかありません。一切の暴力とか、威圧する態度が通じる世界ではないからです。そこで、嘘を平然とつく、しかも、総理大臣という権力を笠に着て、嘘をいう。これを8年間も繰り返したのです。国民や青少年に、どれだけの悪影響を与えたことでしょうか。言葉を、誰もが信じられなくなったのです。

自分を庇うために、不当なことを正当化するために、人間は適度に嘘をつきます。「嘘も方便」と教わってきました。だからこそ、銀河連合とのマントラ、合言葉には、「私は真実」と宣言するのです。口先だけの言葉で、「私は真実」と言っても、何の効果もありません。

この言葉を発するには、覚悟が要るのです。自分に都合の悪い時には、誰でも嘘を言いたくなるものです。それでも、嘘を言ってはいけないのです。

嘘を言わないためには、日頃から真っ当に生きていなければなりません。

ところが、それが簡単ではないのです。新しい五次元社会では、言葉を発しなくてもテレパシーで会話ができると言います。嘘をつくのは、言葉です。言葉を発しなくても、相手にこちらの意志が通じる社会では、決して嘘は言えないことになります。ということは、三次元社会で嘘がまかり通っている人は、五次元社会に進めないことを意味しています。

波動を上げないと、五次元社会へ進めないと言います。では、波動を上げるとは、どういうことか、どうしたらいいのか、と人は尋ねますが、その最も簡単な答えは、嘘を言わないことです。

自分を守るための嘘、自分を良く見せるための嘘、とにかく、自分のための嘘は、銀河連合の合言葉をも嘘にしてしまうのです。

嘘がつけない社会が、もうすぐ五次元として到来します。そこへ行くために、私達は学んでいるのです。

では、嘘のない社会とは、どのようなものでしょうか。

この三次元の終末期は、嘘をつかないでは生きていけないような社会だったのです。あるいは、周りに嘘があることを認識しないでは生きられない社会でした。「騙したよりも騙された方が悪い」という論法で、大部分の被害者は泣き寝入りさせられました。お金を求めれば求める程、損害を被るという現象が続きました。それは、「一攫千金」を求めることの無意味さに気づくまで続くのでした。

創造主は、何人にも自由意志を与えられました。こちらの道がいいとか、あちらを選択しなさいとは、一切言われません。どちらを選択するのも、自由なのです。読者の皆さん、あなたは、どちらを選択されるでしょうか。

三次元の生活に軸足を置くか、五次元に意識を向けるかの選択になります。選択は自由ですが、行き先が大きく異なることは知っていなければなりません。間違いなく、選択した世界へ赴くことになるからです。

今までであれば、死後もいつかは地球へ輪廻してきましたが、もはや地球は人間の輪廻の場ではなくなったのです。

五次元社会では、詐欺や嘘の全く存在しない地球に変化するのです。住人も、騙される方が悪いという意識を持たなくてよくなるのです。騙される心配が不要な社会が、実現するからです。

もう一方の世界は、洞窟生活からやり直して、もう一度、過酷な環境を体験することになります。

ですから、勢いで前途を決めていいような状況ではないのです。本気になって、自分の未来を決める時なのです。

## ✺「行動を改めよ」の意味

人間は何をしても許されているのが、宇宙の意志です。行動に制約を加える意図は、宇宙にはありません。それでも、今回地球的規模でコロナ騒ぎのような状況が生まれたということは、今こそ「立ち止まって考えてみよ」という宇宙の意志ではないでしょうか。「今までの安易な生き方を見直せ」というサインではないでしょうか。

筆者も、かつて２０１２年12月に地球はマヤ歴の終わりと共にリセットされると教えられ、そのための準備を勧められました。

その準備とは「今までの行動を見直せ」でした。

しかし、行動を改めるとは、好きなゴルフを止めることではなかったのです。物理的な、この世的な行動を変えることではなく、精神的なもの、心の持ち方、性格、考え方を変えよということだったのです。もちろん、全てを変えることはできませんし、そのようにする必要もないのですが、一部の欠点、自分では気づいていない行動の中に、どうしても修正しなければならないものがあったのです。

例えば、あなたが自分では善人だと思っているとします。他人には親切だし、思いやりができるし、決して自分本位な人間ではないと信じています。こんな自分を反省しても、どこを修正すればいいのかわかりません。ボランティアに行ったことがないので、そういう行動に参加する必要でもあるのかなどと、考えるとします。

しかし、神の思いは、そんなところにはありません。

最も身近な夫婦の間で、または親子の間で、同じことができていないのです。心が油断していると言えます。ついつい本音が出てしまい、自分本位、自分優先になっていたことに気づくのです。神の目から私達を観察される時、いつでも、誰にでも、同じ心で行動できなければ合格しないのです。

行動を改めるとは、結局自分の心の欠点を改めることなのです。心は、意識体に付属しています。意識の中心とも言えます。自分の心、自分の意識を変える必要があるのです。それは人それぞれですから、他人はなかなか気づきません。自分の習慣の中に入り込んでいますから、自分でも気づかないのです。

「その部分を修正せよ。変えよ！」と言われるのです。

海外旅行やプロ野球観戦を止めることが、行動を改めることではないのです。そのようなことに心を奪われて、自分の意識体の欠点に気づこうとしていない、「そこを改めよ」と言われているのです。自分の内面の欠点、修正すべきところを省みようともしない、「その生き方を改めよ」と言われているのです。

「汝、悔い改めよ！」とキリスト教では教えます。日常の行動を改めることかと考えてしまいますが、そうではないのです。変えるべきは、心、意識にあるのです。心、意識を変えるには、どの部分を変えるべきかに気づく必要があります。それに気づくには、今の行動を一度止めて、観察してみる必要があるかもしれないのです。

行動を止《や》めることが、悔い改めることではないのです。行動として、気づかず行っていることにも、気づく必要があるのは当然です。

今は、誰もが「悔い改める時」なのです。自分は完全だと思う人は、救われません。完全ではないからです。どこまでも謙虚でなければなりません。

全てが間違っているわけではありません。ほとんど正しい生活ができているのです。それでも、自分で気づいていない欠点が残っているのです。

それに気づいて、修正していけと言われているのです。

## ✺ 三次元地球の最後

三次元世界にいながら五次元レベルの生活を味わい、みんなで仲良く、心を入れ替えて、助け合い労わりあっていけば、そのまま五次元世界に変わっていくと、説く人がいます。もし、それが真実であれば、なんと有り難いことでしょうか。このまま、特別の緊張感も持たずに、程ほどの心境で生きていけばいいことになるからです。

しかし、筆者が学んだ「日月神示」などの記述を思い出すと、そんなに簡単ではないように感じるのです。岡本天明氏に、国常立太神の世界から、自動書記のかたちで、何年もの長い時間をかけて、このような記述を遺された意味があるはずだと考えるからです。必ず、三次元地球の終わりの日がやってくるのです。

アセンションを望み、こつこつと自分の波動を五次元に適合できるように努力を続けた人々は、三次元地球が終わりを迎えても、何ら心配は不要なのです。必ず、命は守られ、銀河連合に助けられるからです。

しかし、アセンションを軽く考えて、悔い改めることもなく生きてきた人々は、間違いなく篩《ふるい》にかけられて、動乱の地上に留まることになります。

三次元波動の人々を、銀河連合が救出することはありません。

地上に押し寄せる天変地異を逃れようとして、大半の人々は、逃げ惑うことになります。もちろん、安全な場所はありませんから、全員が命絶えることになります。

この段階が、三次元地球の終了になります。

肉体の命を落とした何十億の人々の幽体が、地上に留まっていますが、それを銀河連合の宇宙船が収容します。地球は、もはや輪廻転生の星ではなくなっています。

どこの惑星へ連れて行くのでしょうか。それが、カルタールという星になります。太陽系からは遠い場所に存在するようです。

こうして、三次元地球の終焉と共に、肉体の命を持続させたまま、宇宙船に乗る人々と、幽体の状態で宇宙船に収容される人々に分れることになります。

読者の皆さん、あなたは、どちらを選択されるでしょうか。

なお、カルタールでは、ようやく火を発見した段階だとのことです。横穴生活を過ごしているようです。

このように考えると、「その最後の時はいつなのか」という緊張感が生まれるのです。何の緊張感も持たずに、五次元レベルの生活を当たり前のように送っている人々には、アセンションに向かう向上心や意欲は湧いてこないのです。

三次元地球最後の時は、いつ頃訪れるのでしょうか。

無農薬リンゴを開発した木村秋則さんは、宇宙船にも乗せられた経験があり、その時、地球最後のカレンダーを見せられたと話されています。但し、誰にも話してはならないと、口止めされました。

従って、その答えを誰も知りませんが、「そんなに遠くではなかった」と、木村さんは述懐されています。

筆者は、メドベッドに入ると30年若返るという話から、閃きました。20年でもなく、40

年でもない理由があるのです。

一度メドベッドに入れば、30年の命が保証されるわけです。この30年の間に、地球の最後がやってくると考えられるのです。もっと端的に言えば、今世紀の半ばである2050年までにその時はやってきます。そのように感じるのです。

もうひとつの根拠は、ポルトガルのファティマで起きた、聖母マリアの預言によるものです。ファティマ第三の預言によれば、「バチカンの腐敗と崩壊、地球の最後が21世紀半ばまでにやってくる」というもので、この内容があまりにもショッキングであるとして、公開されず、バチカンに封印されたのでした。

2023年の現在、バチカンの教皇、枢機卿は全員が逮捕され、空になっていると言われていますが、この預言が実現したことを物語っています。

この預言を聖母マリアから聞いた修道女は、すでに亡くなっていますが、青森出身の霊能者である神人さんが、霊界から彼女を呼び出して、教えられたのです。見えない世界を信じない人々には、ますます信じられない話でしょう。

いつ最後の時がやってきても、アセンションすると決断し、その努力をしている人達は、何の心配も要らないのです。今の肉体が死ぬこともありません。静かに自分を見つめ、創造主に感謝しながら生きていけばいいのです。そして、できることなら、一人でも多くの人をアセンションに誘っていただきたいものです。

# おわりに

この書籍を読み終えて、どのような感想を持たれたでしょうか。

47億6800万年経過した地球が、三次元から五次元に姿を変える時が近づいています。

これは何を意味しているか、ご理解いただけたでしょうか。「地球がアセンションする」意味も、おわかりいただけたことでしょう。

それは、人類にとって、全く新しい経験になります。

今まで人類は、地上のいろんな国で、生まれては死に、死んでは生まれて来たのです。

この繰り返しを「輪廻転生」と読んでいますが、どれほどの回数を重ねたことでしょうか。

それは、自分の固有の魂を進化成長させるためだったのです。

魂の成長は、魂だけではできません。意識体と肉体が必要になります。

これまでは、肉体を持って地上に生まれてしまうと、魂の存在を忘れ、肉体が全てだと錯覚して生きる人々が大半でした。

そうやってつくり上げた地球の姿は、どうなったでしょうか。

ほんの一部の超富裕者、エリート達が、地球人全てを奴隷のように扱える環境を完成させる一歩手前まで来てしまったのです。

コロナワクチンでおわかりのように、人間の命の管理まで行うようになったのです。

学校や社会で与えられる情報には、全て権力者のコントロールが入り、真実をわからなくさせられています。人々を救うと考えられた宗教でさえ、人類をコントロールする手段、道具になっていたのです。

地球上の生活は、「肉眼で見えるこの世界だけだ」と考えるようになりました。宇宙が多次元でできていることなど知る由もなく、ましてや銀河連合の存在やネガティブな地球外生命体が地下深くに棲みついて人類を支配しているなど、思いも寄らぬことでした。

日本は、明治時代以降、天皇家がドラコニアンの支配下に置かれていたのです。英国王室も、同じくレプタリアンの支配下にありました。

敗戦後、アメリカに支配されてきましたが、アメリカの悪は、アメリカ人ではなかったのです。アメリカを支配する悪が存在したのです。

世界中の悪の一味を、ディープステイトとかカバールと呼びますが、その背後にいて人類を支配してきたのは、ネガティブな異星人であり、レプタリアン、ドラコ、ドラコニアン、グレイなど、多くの地球外生命体だったのです。

地球人は、日本列島に誕生した日本人が原型であり、日本を「神の国」と呼んできたのには、それなりの「謂《いわ》れ」があったのです。

宇宙創造の神も一目置かれる日本人が、全く期待に応えられず、骨の髄まで洗脳されて、深い眠りに落ちていたのです。

創造主はこうした状況をご覧になって、今回地球のアセンションを許可されたのです。二元性の惑星での学びは終わったとされたのです。

但し、地球人だけでは、その力はありません。

そこで、銀河連合に、地球人救済を指示されたのでした。

ギャラクシーアライアンスとして、200の惑星が参加され、地上にもアースアライアンスが結成され、トランプさんや米国軍人将校たちを中心に、地球人救済の活動が始まったのです。プーチンさん、習近平さんも、その仲間です。光側の人間なのです。日本の全てのマスコミは、この3人の救世主的役割を果たしてくれる英雄を、悪者呼ばわりしてきたのです。

ネガティブな地球外生命体の排除と共に、そのハイブリッドや部下たちを一斉に大量逮捕し、処刑する活動が本格化してきました。そして、人類がお金に支配されている状況からの脱出を計画されたのです。仏陀が悟られた、この世の苦である「生老病死」から人類を解放しようとされているのです。

こんなことが、なぜ起きるのか。なぜ可能になるのか。

人類には理解できかねます。「奇跡が生じた」としか、考えられない状況なのです。

三次元地球の生活から抜け出し、五次元地球へアセンションする時が近づきました。特に、日本人には大きな期待がかけられています。いつまでも、深くマスクして、魂を眠らせている時ではないのです。

本書でお伝えしたように、日本人こそ地球人の源流、源なのです。日本列島で誕生した、つがいの「むかご」から、人類は始まったのです。

「そのことを知らせなければならない」との、強い思いから、この本を出しました。

神が期待される日本人には、アセンションした五次元地球でも役割は大きいのです。そのことを、どうか知ってください。そうして、知ったなら、何らかの行動につなげてください。

何もしない、無反応、無関心、これは人類全体に対する罪です。

日本人の責任は軽くはないのです。70年以上も前の戦争に負けたからと言って、いつまでもアメリカの指示に従っている時ではありません。マスコミの言いなりになり、不正選挙で当選した国会議員を信頼している時ではありません。世界のリーダーになって、新しいミロクの世を実現するために働かなくてはならないのです。世界に向けて、創造主の思いを発信していかなければならないのです。

最後に、この書籍の出版に当っては、友人である岐阜県瑞浪市在住の山田萩枝様、同じく土屋美恵子様に、多大のご尽力をいただきました。お二人のおかげで出版を早めることができました。また、たま出版の中村専務様にも何かとご協力をいただきました。この場をお借りして心から厚くお礼申し上げます。

時代が雪崩を打ったように、大きく変わりつつあります。

1日も早く、志のある方々に本書をお読みいただきたいと願っています。

〈著者プロフィール〉

## 後藤 まさし

某国立大学で建築工学を学び、某大手ゼネコンに就職、
40年間、主に施工分野に籍を置く。名古屋、岡山などで大型プロジェクトを担当。出身大学で社会工学の講師を6年間担当。

30代の頃から、見えざる世界に関心を持ち、探求を続ける。

宇宙が多次元でできていることや、死後の世界との関連を追求。

創造主や高次元の神々の存在、銀河連合の存在を知る。

地球文明の終焉と、地球規模の新世界の到来に伴い、今までの生き方を変える必要性を訴えて、名古屋を中心に各地でセミナーを開催。

著書に「超古代の黙示録」「最後の警告」（たま出版）「トランプVSバイデン：米大統領選」（ヒカルランド）などがある。

## 銀河連合が教える 五次元世界への覚醒

2023年9月15日　初版第1刷発行
2024年2月28日　初版第2刷発行

著　者　後藤 まさし
発行者　韮澤 潤一郎
発行所　株式会社 たま出版
〒160-0004 東京都新宿区四谷4－28－20
☎ 03-5369-3051（代表）
FAX 03-5369-3052
http://tamabook.com
振替　00130-5-94804
組　版　マーリンクレイン
印刷所　株式会社エーヴィスシステムズ



ISBN978-4-8127-0471-4 C0011